同方阵

清华大学师生参加国庆60周年活动纪实

主编　史宗恺　杜汇良

清华大学出版社

北京

内容简介

本书以图文并茂的形式，生动、翔实、精彩地记述了清华大学师生及员工参加国庆 60 周年活动的难忘场景，集中展现了当代清华学子对国家意识和青年责任的深切感受，对爱国主义和集体主义精神的透彻理解。

此书可作为全国高校青年学生的励志读物。

图书在版编目（CIP）数据

同方阵：清华大学师生参加国庆60周年活动纪实/史宗恺，
杜汇良主编.—北京：清华大学出版社，2010.4
ISBN 978-7-302-22449-5

Ⅰ．①同…　Ⅱ．①史…　②杜…　Ⅲ．①国庆日－概况－
中国－2009　Ⅳ．①D621.6

中国版本图书馆CIP数据核字（2010）第063970号

责任编辑：甘　莉
整体设计：刘　派
责任校对：王荣静
责任印制：孟凡玉
出版发行：清华大学出版社　　**地　　址**：北京清华大学学研大厦A座
http://www.tup.com.cn　　**邮　　编**：100084
c-service@tup.tsinghua.edu.cn
社 总 机：010-62770175　　**邮购热线**：010-62786544
投稿咨询：010-62772015　　**客户服务**：010-62776969
印 装 者：北京雅昌彩色印刷有限公司
经　　销：全国新华书店
开　　本：250×250　　**印　　张**：13.5
版　　次：2010年4月第1版　　**印　　次**：2010年4月第1次印刷
印　　数：1～5000
定　　价：98.00元

本书如存在文字不清、漏印、缺页、倒页、脱页等印装质量问题，请与清华大学出版社出版部联系调换。
联系电话：010-62770177 转 3103　　产品编号：037400-01

同方阵

顾秉林

特别鸣谢新华社新闻信息中心为本书提供部分图片

第 2 ～ 3 页图，新华社记者陈树根摄 / 第 4 ～ 5 页图，新华社记者李晓果摄

第 30 页图 1，新华社记者　李勇摄 / 第 30 页图 2，新华社记者李晓果摄

第 32 ～ 33 页图，新华社记者郭大岳摄 / 第 52 ～ 53 页图，新华社记者杨磊摄

第 86 ～ 87 页图，新华社记者公磊摄 / 第 97 页图，新华社记者李刚摄

第 98 ～ 99 页图，新华社记者张领摄 / 第 110 页图 3，新华社记者陈树根摄

第 121 页图，新华社记者王建华摄 / 第 153 页图，新华社记者张铎摄

第 110 页图 2，《京华时报》记者张伟摄

序

中华人民共和国成立 60 周年庆祝活动已经圆满落幕。清华大学作为基层主责单位之一，在党中央、北京市委的坚强领导下，在群众游行总指挥部、第四分指挥部、第二分指挥部以及北京市委教育工委、北京市教委等有关部门的精心指导和大力支持下，充分动员，统一部署，精心组织，周密安排，出色地完成了庆祝活动的诸多任务，展现了当代清华师生爱国奉献、追求卓越的时代风采。清华大学获得了首都国庆群众游行总指挥部颁发的优秀组织单位奖、支持贡献奖、创新团队奖等荣誉，以及游行第四分指挥部颁发的百日训练竞赛优胜奖和游行第二分指挥部颁发的最佳创新奖。

从 2009 年的盛夏到金秋的“百日奋战”中，清华大学先后承担了群众游行科技发展方阵（第 24 方阵）和毛泽东思想标语方阵（第 4A 方阵）两个方阵的组织及保障任务，参加了广场合唱、广场联欢、《复兴之路》排演等工作，全校参与师生达 5100 多人。在这支“宽频谱”的浩大队伍中，有刚刚踏入校门的 90 后大一新生，有即将奔赴祖国各地工作的应届毕业生，有留学归国的中青年教师，也有两鬓斑白的离退休老教工，年龄跨度近 50 岁。特别值得一提的是，第 4A 方阵从组建到正式表演仅用了八天七夜，是训练时间最短的群众游行方阵，也是唯一由大一新生为主组成的方阵，第 4A 方阵的出色表现书写了群众游行工作的佳话。此外，美术学院部分师生还承担了游行彩车设计、天安门广场民族团结柱设计，以及部分游行方阵表演服装、手持物方案等设计工作。

在 60 周年国庆活动中，全体师生特别是 80 后、90 后的青年学子，自觉凝练成以国家意识和青年责任为核心的“同方阵”精神，成为激励全校师生的宝贵精神财富。《礼记 · 儒行》有云：“儒有合志同方”，“同方”的意思是“志同道合者相聚在一起”。同方部是清华大学最早的礼堂，梁启超先生曾在这里以“君子”为题演讲，激励清华学子“自强不息，厚德载物”。“同方阵”原是第 24 方阵内部宣传刊物的名称，寓意参训的清华师生为了祖国的荣誉齐聚在方阵之中，以最出色的表现为新中国 60 华诞献礼。“同方阵”的内涵得到了参训师生的广泛认同，并被进一步丰富、凝练成“同方阵精神”，它是强烈的国家意识，是厚重的青年责任，是牺牲小我、成就大家的集体主义精神，是各尽其职、无怨无悔的奉献情怀，是精益求精、追求完美的执著品格，是迎难而上、勇于创新的昂扬斗志。

这本《同方阵》图册，全面回顾了清华大学全校师生和员工参加国庆 60 周年活动的历程，集中展现了当代清华学子对国家意识和青年责任的深刻思考，对集体主义精神的重新认识。相信此书的出版，必将激励广大当代青年进一步继承和发扬“同方阵精神”，将爱国热情转化为自觉的行动追求，毕生坚持“祖国利益高于一切”，矢志不渝地将自身的成才发展融入到国家建设、民族复兴的伟大事业中去。本书中所总结的教育经验、所呈现的教育成果，对加强和改进新形势下高校学生思想政治教育工作提供了有益的借鉴，希望对更多的教育界同行亦有所启示。

清华大学党委书记　胡和平

目录

壹

同铸方阵

第一篇　同铸方阵

- 祖国，请让我为你唱一曲祝酒歌
- 红旗飘飘，方阵长存

中华人民共和国万岁
世界人民大团结万岁

清华大学 2323 名师生组成了首都国庆 60 周年群众游行第 24 方阵"科技发展"方阵。这是一支"宽频谱"的队伍，全体师生均为自愿报名参加，从 90 后的青年学子到两鬓斑白的离退休教工，年龄跨度近 50 岁；这是一支团结奋进的队伍，在历次合练验收中，创造了"风雨良乡"、"沙河零误差"等多个辉煌瞬间；这是一支追求卓越的队伍，克服了动作调整、路线改变、口号更新等各种困难，反复加练，不断改进，只为在天安门前完美展现出新时代的清华人自信的笑脸。

祖国万岁，清华加油！

祝酒歌

作曲：施光南　作词：韩伟

美酒飘香啊歌声飞
朋友啊请你干一杯，请你干一杯
胜利的十月永难忘
杯中酒满幸福泪
来来来来，来来来来，来来来……
十月里，响春雷，亿万人民举金杯
舒心的酒啊浓又美
千杯万盏也不醉

手捧美酒啊望北京
豪情啊胜过长江水，胜过长江水
锦绣的前程党指引
万里山河尽朝晖
来来来来，来来来来，来来来……
瞻未来，无限美，人人胸中春风吹
美酒浇旺心头火
燃得斗志永不退

今日啊畅饮胜利酒
明日啊上阵劲百倍
为了实现四个现代化
甘洒热血和汗水
来来来来，来来来来，来来来……
征途上，战鼓擂，条条战线捷报飞
待到理想化宏图
咱重摆美酒再相会
来来来来，来来来来，来来来……
咱重摆美酒啊，再相会

祖国，请让我为你唱一曲祝酒歌

重点跨越
支撑发展

第 24 方阵总队隆重召开誓师大会

2009 年 8 月 1 日上午，第 24 方阵总队在清华大学综合体育馆隆重召开誓师大会。首都国庆 60 周年群众游行指挥部第四分指挥部指挥、市社会工委书记宋贵伦，群众游行指挥部执行副指挥、北京团市委副书记于庆丰，群众游行指挥部第四分指挥部组织训练处副处长王森林等群众游行指挥部领导莅临大会并向第 24 方阵总队授旗。清华大学国庆 60 周年活动领导小组组长、第 24 方阵总队总队长、校党委书记胡和平发表重要讲话，要求全体参训师生珍视荣誉，积极投入；服从指挥，严守纪律；刻苦训练，顾全大局。为国庆 60 周年活动做出自己的贡献。第 24 方阵总队全体参训师生共 2300 余人面向国旗庄严宣誓——

清华学子，爱国栋梁；志存高远，行健自强；纪律严明，尤胜戎装；甘于奉献，为国争光!

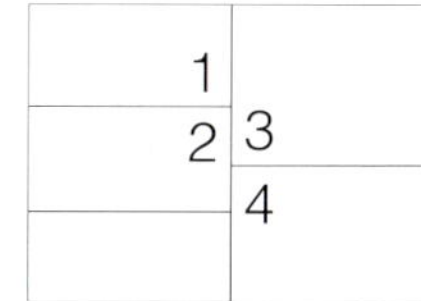

1 清华大学国庆 60 周年活动领导小组组长、校党委书记胡和平在誓师大会上发表讲话

2 参训学生面向国旗庄严宣誓

3 参训学生面向国旗庄严宣誓

4 首都国庆 60 周年群众游行指挥部第四分指挥部指挥、市社会工委书记宋贵伦致辞

国防生组成方阵标兵框并担任教官

由校定向生工作办公室和各院系选拔的228名国防生组成了方阵标兵框，从7月1日开始在北京卫戍区警备3师"老虎团"进行为期15天的封闭式集训。7月31日，方阵总队遴选57名作风优秀、军政过硬、在集训中表现优秀的国防生骨干担任本次方阵训练的中队教官，训练内容主要确定为单人队列动作和行进花样动作，并进行了全天的理论、队列训练，为方阵训练的全面展开做好了准备。校武装部与解放军防化指挥工程学院商洽，防化学院选派4名优秀教官担任第24方阵大队教练。

8月1日誓师大会之后，第24方阵开始正式训练。在东大操场，方阵全体师生观摩了国防生的示范表演，不时报以热烈掌声。校党委副书记史宗恺在东操做现场动员，激励全体师生以饱满的热情投入训练。

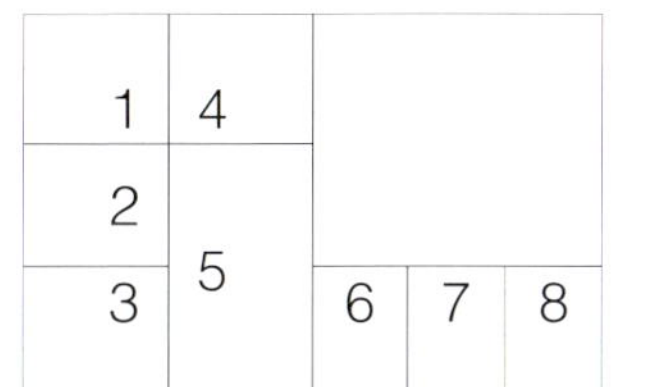

1 国防生进行示范表演
2 国防生进行示范表演
3 国防生进行示范表演，演示方阵行进动作
4 国防生进行示范表演，演示手持物动作
5 校党委副书记史宗恺做现场动员
6 参训学生认真聆听
7 各中队建立临时党支部，党员撰写训练决心书，并签字承诺
8 方阵总教练王和中提出训练要求

决心书

2009年是充满光荣的一年，我们迎来了伟大祖国60周年华诞，并将见证中华民族的全面复兴。在这样的日子里，每一名社会主义新中国的青年都会感觉到无比的骄傲和自豪。在这60年的岁月中，正是在党的领导下无数共产党员与各族群众齐心协力，才造就了今天的美好生活。作为一名新时代的青年，我们特别渴望在这样的日子里用实际行动为祖国母亲献上一份青春的祝福！

能够成为清华大学迎接建国60周年群众游行方队的一员，31中队的每一名党员都深刻体会到无尚的光荣和肩上的重担。在此，我们庄重承诺：我们将本着一颗甘于奉献的决心，斗志昂扬，时刻谨记誓师大会的庄严宣誓，做到刻苦训练，不迟到不早退，敢与酷暑作斗争；我们坚决服从组织安排，纪律严明，精诚团结，坚决做到高水平完成任务，为祖国母亲的六十岁生日献礼！

31中队全体党员

2009年8月1日

党员名单：
31中队共计24人
田君、梁佳超、谭建明、戴西、刘洋、周航、杨钊、宋茜、郭青、冯祖光、刘派、刘德坤、周剑、熊丽娟、王晶晶、申旭栋、邵馨远、周媛媛、曹云、于洁、王熠、张黎、周林路、朱士强

踏上光荣征程

训练才刚刚开始，我们有着很多不规范的地方，但是我们一直在努力着……大家都有着同一个目标，就是以最高的质量完成我们的任务，所以，在心中，没有苦，只有学习和练习，只有那一遍遍训练后的进步所带来的喜悦。置身于第 37 中队，我们相互鼓励，相互关怀，一起努力，带着那不灭的热情和毅力，每个人一小点进步，整个集体一大块进步。我们有信心，有恒心，会在接下来的训练中更加刻苦，更加认真，成为最优秀的中队！

——第 37 中队环境系　胡月

1 第二大队在西大操场合练
2 第四大队在西大操场合练
3 第一大队在西大操场合练
4 同学在自己的水瓶上贴上编号以节约瓶装饮用水
5 推车人员腰缠绳带模拟彩车
6 来自防化学院和由优秀国防生组成的大队教官在仔细评比各大队表现
7 同学们自发清理训练场边的瓶装水
8 第三大队在西大操场合练，方阵副总教练吕冀蜀认真计时

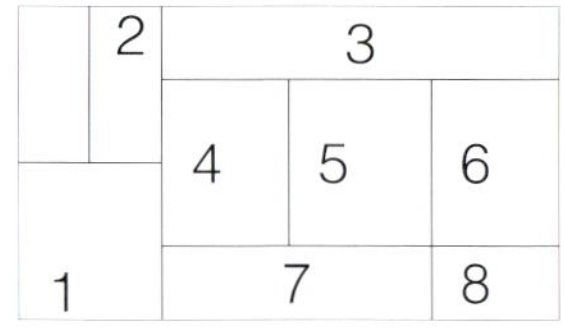

大家从自己做起，注意节水，把自己喝过的水都带走。注意维护场地的卫生，伸个手，弯个腰，别把自己的垃圾留下。
对于大家，这些都是小事。希望大家能够重视起来，不浪费水，不乱丢垃圾，把每一件小事都做到极致，让我们的训练变得更加完美。

——自动化系全体参训队员致方阵师生的文明倡议书

做一个全力以赴的清华人

从前的国庆对于我们来说是观看一场盛典。55 周年时，我自己亲身融入了这场盛典，而这次，国庆游行是我的任务。作为教官，我一定全力以赴，保证完成任务。

——第二大队教官、航天航空学院国防生　孙晨卉

1 第三大队在东大操场合练
2 第 22 中队生命学院党员赵晗右手骨折，依然带伤坚持训练，为同学做出榜样
3 第一大队在西大操场合练
4 第四大队在西大操场合练
5 第一大队教官、航天航空学院国防生谷振丰认真记录方阵训练数据
6 第二大队在东大操场合练

集体的感觉

我有了集体的感觉，深切体会到了集体的存在。我不介意做这个大集体中最平凡的一分子，也不介意所谓的“被集体掩盖个性”，因为在国庆游行这样鼓舞国人士气的大型活动中，需要的只是集体的个性。通过我们的协调一致让清华在全国人民面前展示出自身特色，那才是我们每个人自身个性最好的说明。

——第 14 中队人文学院社会学系　路小雅

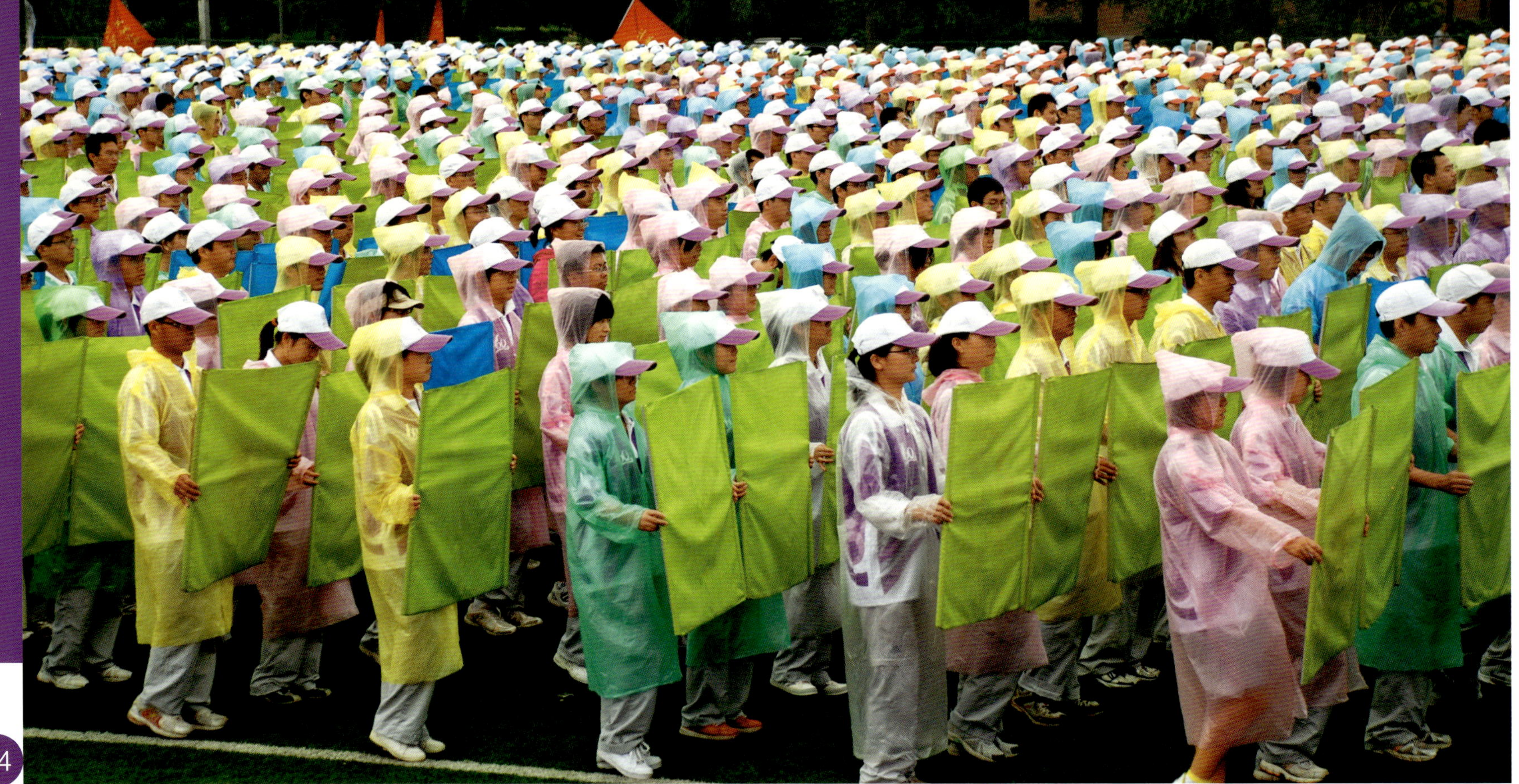

全班总动员

精71班班长康健特意组织同学们召开班会对参加游行活动进行讨论。同学们一致认为：参加国庆60周年游行活动，是一次毕生难得的机会，一定不能错过，即使有再多的困难，也一定能够克服。为了争取全班参加的机会，同时也表达全班参加游行活动、克服困难的信心与决心，同学们起草了一份“请愿书”，全班同学郑重签名。自此，精71班的这个暑假就有了不寻常的意义——以昂扬的斗志积极参训，用完美的表现向祖国母亲表达大家的爱与感激！

由于训练日程不断调整，同学们的安排经常受到影响，整个暑假最长的一段假期只有18天。家乡离京较远的同学大大缩短了在家休息和与亲人朋友团聚的时间，匆匆赶回学校；已经早早报名参加暑期培训的“寄托一族”们也延后甚至取消了学习、考试的计划；很多原本准备参加暑期实践的同学为了保证每一次的训练都能参加，只能取消了酝酿已久的实践活动。

为了保证训练，袁雨辰等8名同学组成的春蕾实践广西分队几次调整行程后，最终还是未能成行。同学们说：“明年吧，明年再去实践也不迟！新中国六十大寿可就是这一次啊，我们一定要参加！……就是觉得对不起当地的联系单位，麻烦他们许多，最后我们却没能去成。不过明年，我要把我们游行的精彩照片带给当地的孩子们看！”

方阵的队伍中，时时能听到同学们焦急的声音：“标齐标齐！……”精71班的每一位同学都牢记自己在请愿书中的庄严承诺：在训练中时刻坚持高标准、严要求，一定顺利完成既定的训练任务，完成祖国和人民赋予的光荣使命！

这个暑假，这个“十一”，是精71班全体同学们永远的、幸福的集体记忆！

我从小在乌鲁木齐长大，国家培养了我们，我们最需要的就是团结。就像走方阵一样，我们需要向着同一个目标，要同方阵、同步伐、同节奏，同心协力！

高速发展的国家，十年又十年，我们即将步入下一个新的历史阶段。这里面团结最重要，只要人民团结了，只要大家按照一个步调走，我相信国家的未来一定更加的美好，人民的生活一定更幸福！因为同方阵，所以我们团结！

——第 20 中队新闻学院　阿依提汗 · 吾拉孜汗

1 方阵总队在西操冒雨训练
2 第 20 中队新闻学院哈萨克族学生阿依提汗
3 方阵总队在昌平阳坊军委靶场合练
4 方阵队员冒雨训练
5 第三大队在西大操场合练

我的兄弟，我的榜样

从训练开始，黄奔就出现了皮肤过敏反应。但是为了保证训练，他没吭一声，也没有告诉任何人，就这样带病训练，和其他教官一样喊哑了嗓子，一样湿透了上衣。直到 8 月 3 日他不得已请假前往校医院输液才被发现。打完点滴后，他又赶回操场进行训练。队友们都劝他休息一下，可是下午他又出现在训练场上。黄奔的表现让所有人为之感动，同学们说："他是我们的兄弟，我们都为他捏了一把汗。他也是我们的榜样，有了这样的榜样，没有人再抱怨天气热，没有人再抱怨任务重。条件再艰苦也动摇不了我们的决心，我们有信心完成党和国家交给我们的任务！

——第 28 中队通讯稿《我的兄弟叫黄奔》

实实在在地为祖国做点什么

国庆当天，茫茫人潮中，我们只是微不足道的一分子，放弃了暑假学习充电的计划，放弃了期待很久的全家出游……当然，我也很多次抱怨，很多次动摇。为这，放弃美好的暑假，值得吗？有人这么问过我。但是思考过后，我还是想说，有这样的机会，我骄傲。我第一次真切地感受到祖国对我们的信任，我们可以实实在在地为她做点什么，即便是最简单的、最不起眼的、最默默无闻的，因为这是我们的责任。

能够在清华这所高等学府读书，我们有比同龄人更多的优越条件，但这也代表着我们有义务承担更重的责任。这次训练还只是一个小小的考验，我们要对得起国家的投入，尽己所能回报社会，让肩上的责任真正成为前进的动力，将自己的未来融入国家社会的发展中。这是国庆游行训练给我带来的更深入的思考。

——第 44中 队工业工程系　楼佳妙

对得起自己身上的故事

大家为了同一个目标来到这里，牺牲了很多时间，放弃了其他很多机会。每个人身上都有一个故事。有的同学为了不耽误训练一共退了 4 次机票，损失了一千多块钱；有的研究生为了参加游行放弃了出国开会的机会；有的同学为了赶回来参加训练，夜里去火车站排队买票；有的同学坐火车早晨四五点钟回到学校，来不及休息就投入训练……希望大家能够对得起你自己身上的故事，对得起前面留下的汗水，对得起你身边的老师和同学们前期的付出，再接再厉。

——第 15 中队中队长、物理系党委副书记　张卫华

一片赤诚献祖国

我是在 10 年前，恰是国庆 50 周年时来到北京这个城市的。10 年的路，10 年的纪念，10 年后的国庆日子，不单是对于祖国，对我本人同样有着与众不同的意义。方阵里那群 80 后、90 后孩子们身上散发出的聪慧、执著、严谨和顽皮，都让我在不经意的时刻心生感动。我也深深体味到，我们这代的责任，就是给他们绽放自己的舞台。

训练的日子里，艳阳晒过、雷雨浇过、凌晨起过，我都不觉得什么，唯一的困难是 7 岁的女儿放了暑假没人照看，我只好带她来训练场。看着孩子站在操场周边凝视着我们的队伍，满心透露着对清华的喜爱，还有她眼中的纯真和好奇，我很欣慰；当下雨时，又瞟到她自己扯起雨衣，觉得一点点揪心。但是，我从来没有后悔过。为祖国，我做的一切都心甘情愿。

——经管学院 2008 级 F 班 MBA 学员　徐宝宏

<table>
<tr><td>1</td><td rowspan="2" colspan="2">4</td></tr>
<tr><td>2</td></tr>
<tr><td>3</td><td>5</td><td>6</td></tr>
</table>

1 在方阵第一列的国防生
2 方阵总队在西大操场合练
3 祖国在我心中
4 第 15 中队获得训练评比流动红旗，中队长张卫华欣喜领奖
5 方阵总队在西大操场合练，标兵举旗对正看齐
6 学生在方阵训练休息时抓紧时间学习

三个 81 秒

清华方阵在国庆群众游行第四分指挥部首次合练中，三次走出 81 秒的最准确步速！整齐的排面、饱满的状态、震天的口号、鲜艳的服装，给所有人留下深刻的印象。指挥部的领导向清华方阵竖起大拇指，兄弟方阵的指挥员们在看台上啧啧称赞，路边的工作人员争相以清华方阵为背景合影，现场指挥激动地高喊："清华的同学们，你们走得最整齐！"

<table>
<tr><td colspan="2">1</td><td colspan="2">2</td></tr>
<tr><td>3</td><td>4</td><td>5</td><td>6</td></tr>
</table>

1 清华大学第 24 方阵参加国庆 60 周年群众游行第四分指挥部在良乡机场举行的首次合练

2 方阵总队冒雨完成合练，准确走出 81 秒的标准步速

3 方阵完成一次合练后被整体带回出发线，同学们依然步伐整齐

4 主席台上响起热烈的掌声，指挥部领导和兄弟高校负责人对清华方阵的出色表现赞许有加

5 胜利完成合练后同学们兴奋不已

6 雨后积水映衬出方阵倒影

在盛大的首场秋雨中昂首走过

总指挥宣布"游行开始！"音乐响起，"第24方阵"的标示牌在东出发线高高举起，清华方阵开始踏乐。与此同时，阴沉的天空中开始掉下零星的雨滴，随着方阵的行进，雨点越下越大，越来越密集，就在清华方阵高举手持物，通过主席台的时候，大雨倾盆而至。

然而比雨声更大的是清华方阵的口号声，是主席台上热烈的掌声。同学们的热情和执著丝毫没有受到天气的影响，个个表情认真，动作到位，不顾大雨打湿了衣服、裤子，不顾蹚着地上的积水，认认真真地继续完成预演。三位带队的教官没有帽子和手持物的遮挡，全身被淋得湿透，依然刚毅坚卓地踏着稳健的步子。

大雨中断了预演，从第三个方阵开始，乐曲停止了，指挥部要求各方阵同学上车避雨。通过西疏散线之后，吕冀蜀老师指挥同学们，快速跑到集结点上车。负责计时的熊剑平老师喊出了预演的成绩："81秒！"方阵的同学们沸腾了，高举着手持物在雨中奔跑。

这是今年北京的首场秋雨，没有诗意，却十分振奋。清华方阵的81秒就是这样风雨无阻地踏出来的！

同铸方阵

	2	3
1	4	
	5	

1 同学们冒着倾盆而至的大雨坚定前行
2 方阵总队领导为同学们的出色表现欣喜骄傲
3 雨中做乐
4 国防生带队教官精神抖擞
5 方阵整齐行进，步伐有力

沙河合练“零误差”

远远地，清华方阵严整地走过来。手持物在阳光的照耀下显现出鲜艳的嫩绿色，映衬着笔挺的身影，显得生机勃勃，精神抖擞。色彩丰富、动作整齐的清华方阵成为了所有摄影师、摄像师镜头里的“宠儿”。从侧面看去，很多排面步伐一致得就像一个人走出来的一样。首排国防生的步幅控制得很好，同学们的表情坦然、淡定。

第二遍合练结束，清华方阵第一个整队回到车上休息。临出发前，吕冀蜀老师笑容满面地带着成绩单回到工作车上，一上车就高喊：“这回走得好！误差是0秒！”总教练王和中老师兴奋地拿出对讲机，将好消息第一时间传呼给各位大队长。

误差为 0 秒意味着从出发一直到走过天安门结束表演，清华方阵的行进速度完全是国庆游行标准速度。

1 清华大学第 24 方阵参加首都国庆 60 周年群众游行第四分指挥部在沙河机场举行的合练，口号震天，排面壮阔，气势如虹

2 方阵总队在合练中表现出色，步伐整齐

3 同学们在合练中专注认真，为了保证整体拼图效果，努力将手持物举平

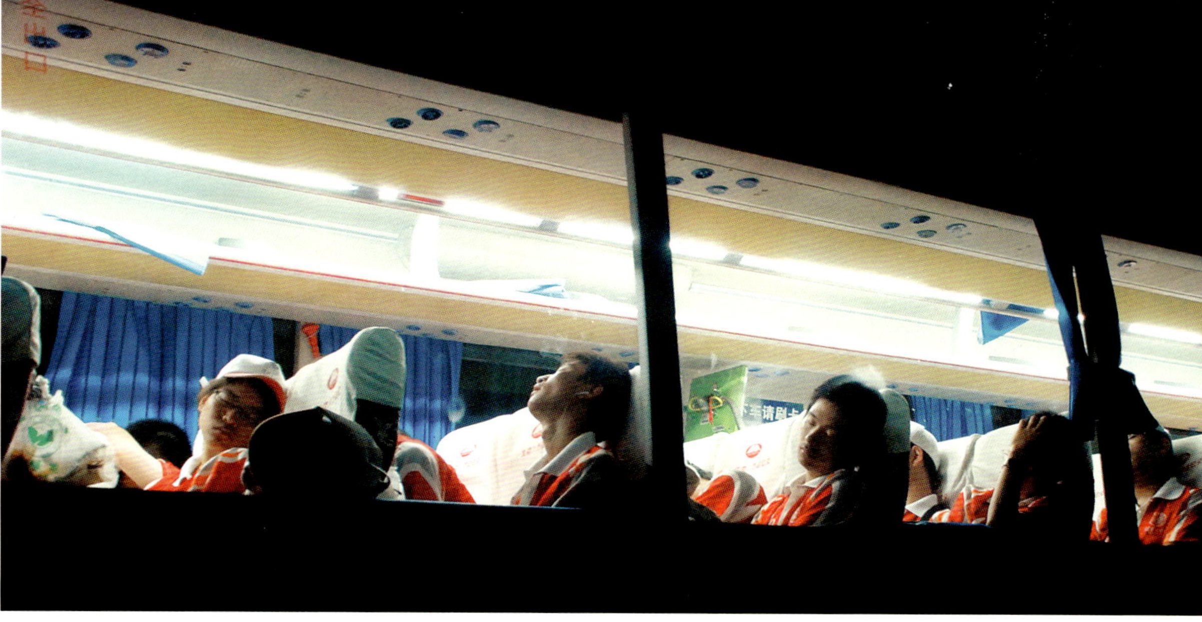

1 方阵出发前后勤工作人员在协调车辆安排
2 凌晨，方阵总队抵达机场，每个大巴车的车窗上都贴着神态各异的熟睡面庞
3 清华方阵成为摄影师镜头中的宠儿，整齐划一，色彩艳丽，十分抢镜
4 第一排中间位置的两名国防生为了掌握准确步速，在合练休息期间认真加练

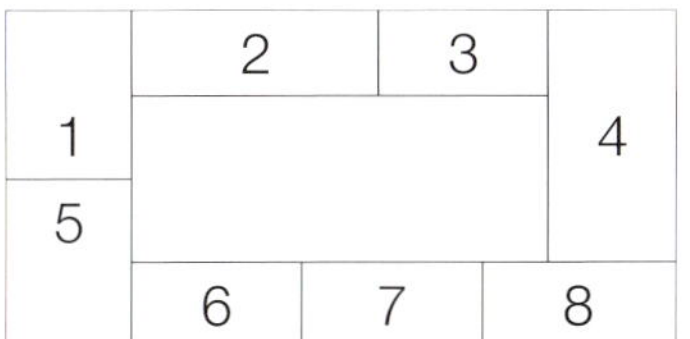

5 皎洁的月光下，方阵总队在集结区静静地列队等待
6 方阵副总教练熊剑平指导第一排国防生掌握准确步幅
7 方阵副总教练吕冀蜀指导第一排国防生准确站位
8 方阵集结，标兵举旗

1	2		
3	4	9	
5	6	7	8

1 出发前每位同学领取一份夜宵
2 同学们在长安街北侧集结区等候，眺望长安街上受阅部队装备
3 在集结区等候休息，同学们围坐一圈玩游戏
4 同学们兴趣盎然地听吕冀蜀老师介绍受阅装备，在长安街边上国防课
5 方阵在长安街集结待命
6 同学们在下车点整队出发
7 同学们眺望长安街上的受阅装备
8 头枕矿泉水瓶小憩
9 方阵队伍整齐地走过天安门前

长安街 夜未眠

长安街的灯火照亮了一个又一个未眠之夜，三次核心区演练各有不同滋味。

第一次踏上长安街，有些紧张，有些慌乱。第一次失去了打头的位置，前面的方阵不停地调整着路线，我们的脚步也不得不有些凌乱。天安门耀眼夺目，却顾不得多看上一眼，全神贯注地走着每一步，声嘶力竭地喊着口号。新动作还不适应，新口令还不熟悉，只有整个团队的信任和默契是最大的力量。

第二次踏上长安街，多了一份信心。终于看到了我们的彩车，尽管只有一半，但它独特的造型足以让我们欣喜不已。彩车内的推车师傅和我们一样认真。彩车内外的清华人虽然看不到彼此，却被同一个信念紧紧地凝聚在一起。

第三次踏上长安街，心里憋了一口气。第一次穿上正式服装，很想走出最好的自己。经过不断的复训加练，我们的状态逐渐回升，但距离巅峰时刻的辉煌还有不小的差距。追求完美的清华人还在努力，我们相信，当我们再次踏上长安街，一定会呈现给祖国一份惊喜。

祖国万岁！ 清华加油！

9 月 30 日晚，清华大学第 24 方阵总队在综合体育馆集结，整装待发。方阵常务副总队长、校党委副书记史宗恺做了热情洋溢的动员讲话，2323 名师生再次齐声高喊出那振奋人心的誓师口号——

清华学子，爱国栋梁；志存高远，行健自强；纪律严明，尤胜戎装；甘于奉献，为国争光！

1			5	
			6	7
2	3	4		

1 清华大学第 24 方阵总队在综合体育馆隆重誓师
2 入场前，食堂师傅和安保负责人沟通食品安检工作
3 每一位入场的方阵师生都要通过严格的安检
4 同学们在方阵整体效果图的画布上找到自己的坐标，争先恐后地签名
5 方阵全体师生高唱《歌唱祖国》
6 方阵全体师生高唱《歌唱祖国》
7 同学们认真地在自己的坐标上签名

我愿以身许国

阅兵式开始，我们看不见，可是心里的喜悦难以形容。孙晨卉教官对我们说：你们今天的目标就一个，让祖国放心！

11 点多，我们到马路上与彩车汇合。队伍中开始传起一句话："清华加油！"很快变成了大声的呼号。我们的彩车很漂亮，上面全是科技界为祖国做出了巨大贡献的人，其中有化学系张希院士，这是我后来知道的。当时我只想，20 年后，希望我也能站到那辆彩车上去。

那时候口号喊得真响啊，我们都扯着喉咙大喊，心底有一个巨大的声音在雷鸣：全世界都听得见我们的吼声！悄悄地往城楼上看了一眼，只见密密的人群，实在分不清谁是谁，但心里涌动着沸腾的豪情。10 年前，当我还只知道在家里抱着布娃娃玩的时候，我做梦也没想到，10 年后我能站在长安街上，为祖国的繁荣昌盛而欢呼鼓舞！

经过天安门，就真的如吕冀蜀老师所说，是"漫步长安街"了。我们高呼着"祖国万岁，清华加油"的口号，向彩车上的人挥旗致意；又唱起清华大学的校歌，又唱《团结就是力量》，心里激动得想要飞奔，想要展翅！回想起来觉得那就是青春，那就是青年人的激情！在学校里我们可以安静地上自习，从容地与人交流，在这里我们充满着热爱祖国、立志奉献的激情！

我更加深刻地懂得了我们肩上的责任。祖国正在日新月异地发展，我们更应该努力学习，发奋图强。这绝不是空话套话，这是我心底一直轰鸣着的声音——我愿以身许国！再次高呼那句振聋发聩的口号：祖国万岁，清华加油！

——第 5 中队精仪系　马冬晗

1	3		4
2	5	6	7
	8		

1 国庆当天清华大学第 24 方阵行进在长安街上
2 第 24 方阵在正式表演中展示笑脸图
3 方阵全体师生在集结区整齐列队，高唱国歌
4 同学们瞩目国旗升起的方向
5 即将上场，一向严肃的教官露出自信的笑容
6 一张张笑脸写满了喜悦和兴奋
7 夜雨后清晨微凉，同学们披上雨衣防潮御寒
8 “出发了！长安街上看我们的风采！”

红旗飘飘

作曲：李杰　作词：乔方

那是从旭日上采下的虹
没有人不爱你的色彩
一张天下最美的脸
没有人不留恋你的容颜

你明亮的眼睛牵引着我
让我守在梦乡眺望未来
当我离开家的时候
你满怀深情，吹响号角

五星红旗
你是我的骄傲
五星红旗
我为你自豪
为你欢呼
我为你祝福
你的名字比我生命更重要

红旗飘呀飘
红旗飘呀飘
腾空的志愿像白云越飞越高
红旗飘呀飘
红旗飘呀飘
年轻的心不会衰老

红旗飘飘
方阵长存

美哉，我少年中国，与天不老；壮哉，我中国少年，与国无疆！

谈到国家责任，我们青年人首先应该要学会对自己负责，然后才会有集体意识、国家意识。在国庆游行方阵训练的过程中，我曾经迟到过，我也曾经开小差，但更多的时候我是聚精会神地训练。说实话，训练的确是很枯燥乏味，但是有老师、辅导员的督促，有周围同学的带动，有了集体意识与责任感，再苦再累也就有了坚持下来的动力。当第一次在天安门前合练的时候，由于和彩车配合不默契，大家走得并不是很好，整个行进过程中充满了同学们的抱怨声和相互提醒看齐的声音。听到这些，我心里没有感到很不舒服，相反我反而感到很舒畅，因为我明白同学们都是为我们没有一个完美的表现而自责，大家都是充满了集体责任感的同学。

记得在一次训练时，将举手持物时“1”“2”“3”“4”的口令换为“科技发展，强我中华”的时候，让我真真切切地感受到了国家在我心目中的分量。国庆当天当我们列队喊着“强我中华”的时候，我的心里有着一种说不出的兴奋与激情，“强我中华”已经不是一句简单的口号，已经内化为一种动力融入我的心田。我明白，老一辈的先驱建立了新中国，并且带领新中国走向了繁荣，实现中华民族的伟大复兴的历史重任还要靠我们青年人孜孜不倦的奋斗！

当三军战士迈着整齐的步伐通过长安街，当轰鸣的战机飞跃天安门，当五湖四海的兄弟姐妹在天安门广场聚成欢乐的海洋……这一刻，我心中所想只有两个字——国家。生活在这个年代，祖国能使我感到一种十分神圣的安全感，因为中国再也不是那个被称做“东亚病夫”的旧中国，中华民族再也不是那个久病积贫的民族。这种强烈的民族自豪感是我从未体验过的，作为一个中国人，此时此刻，我为我的祖国喝彩，我为中华民族喝彩，也为我自己喝彩，因为，我，是一个中国人！

立为国为民之志，树安邦济民之德，坚持国家利益永远高于一切。“苟利国家生死以，岂因祸福避趋之”，应该是我们青年人对自己、对国家应尽的责任。青年人不需要人人都有伟岸的雄才大略，也不需要人人都站在历史的风口浪尖，更不需要人人都做出“功在当代，利在千秋”的丰功伟绩，在我看来，一个青年人对自己负责，对集体负责，胸中装有国家，在国家需要的时候能够挺身而出就是尽到了自己最好的责任。

我中国少年，心中有国家，做事尽己责，那么中国完美复兴的那一天终究会在我们手上实现。正像梁启超所说：“天戴其苍，地履其黄；纵有千古，横有八荒；前途似海，来日方长。美哉，我少年中国，与天不老；壮哉，我中国少年，与国无疆！”

——第 44中 队工业工程系　胡欣然

国家意识与青年责任

国庆游行训练期间，学校面向全体参训学生开设了“国家意识与青年责任”课程，先后邀请了7位政府官员、高级将领、专家学者、行业英模为同学们做报告，回顾新中国成立60年来的发展成就，阐释一代代优秀青年人投身国家建设的、无悔奉献的崇高精神，引导同学们树立“祖国荣誉高于一切”的国家意识，强化社会责任感，承担起民族复兴的历史重任。

				7	4	1
					5	2
					6	3
12	11	10	9	8		

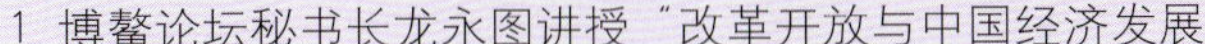

1 博鳌论坛秘书长龙永图讲授“改革开放与中国经济发展”
2 原水利部部长汪恕诚讲授“新中国能源事业发展”
3 原北京军区司令员李新良讲授“国庆大阅兵与国防事业发展”
4 国防大学副教务长纪明葵讲授“多极格局下的大国关系”
5 原科技部副部长吴忠泽讲授“提高自主创新能力，建设创新型国家”
6 原中国航空工业第一集团公司总经理刘高倬讲授“航空报国与青年责任”
7 原国家体育总局局长伍绍祖讲授“延安精神与青年责任”
8 同学们专心听讲，认真做笔记
9 祝捷同学高唱国歌
10 楼佳妙同学第一次穿上正式服装很开心
11 洪达同学认真聆听教官的指点
12 韩惊龙同学为保证训练，四次退掉回家的车票

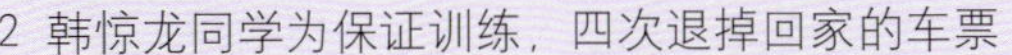

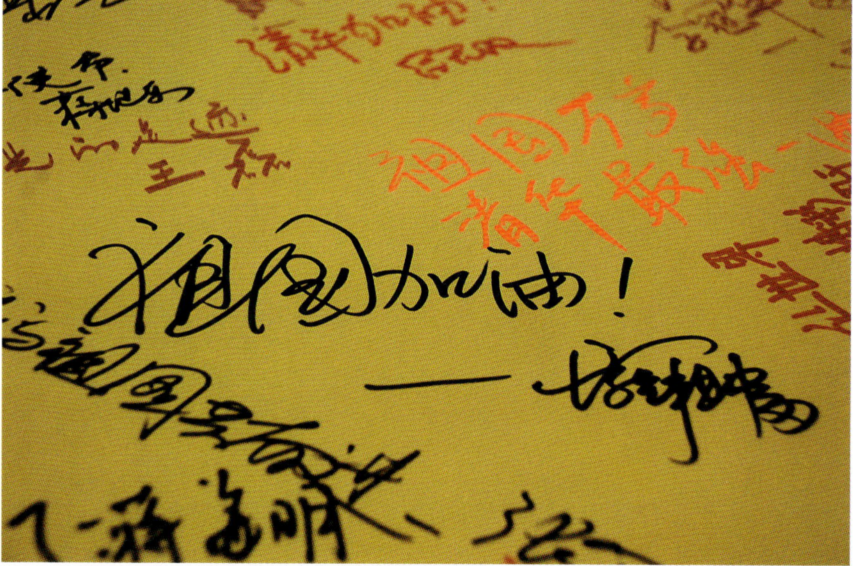
祖国加油！

感谢身边所有的党员

我们也有过抱怨，可是，令我感到不可思议的是，队列中的很多同学似乎从没有这样想过。他们不避酷暑、任劳任怨、始终如一的表现让我感到了一次又一次的诧异。终于，我发现，他们有着一个共同的身份，那就是——党员。

我们所走过的不仅仅是路，更是对祖国的忠诚，对党的热爱，我们坚持的不仅仅是出勤，更是一种信仰、一种追求。为了能在“十一”接受党和人民的检阅，我感到自己从不会脆弱，我更像是一位战士，随时准备着，忘却一切疲劳，克服所有困难。

在周围党员同志们的身上，我汲取到了不尽的力量，我看到了精神，看到了希望，看到了中国的脊梁、华夏的未来。对于他们，开始时，我惊异、我不解，慢慢地，我了解、我信任，直到现在，我终于切身体会到了共产党员们的人格魅力，深深地支持他们的信仰，并热切盼望将来能成为他们中的一员。

2009 年 9 月 22日，我向中队党支书杨怀栋老师光荣地递交了入党申请书。我知道，我的心智不再幼稚，我的思想正在加速前进，这些也许就是游行训练给我带来的最大收获。

感谢身边的所有党员！

——第 5 中队精仪系　王帆

<table>
<tr><td colspan="2" rowspan="2">1</td><td>4</td></tr>
<tr><td>5</td></tr>
<tr><td>2</td><td>3</td><td>6</td></tr>
</table>

1 第 9 中队临时党支部开展“国家意识与青年责任”专题党组织生活
2 校党委学生部部长杜汇良参加自动化系临时党支部党组织生活，和同学们共同讨论如何改进训练方法，提高训练质量
3 同学们为祖国母亲写下美好祝愿，为方阵训练写下励志留言
4 精仪系党员在临时党支部组织生活上做公开承诺
5 党员冒雨为同学们发放正式道具
6 训练间隙，党员为同学们发放慰问物资

祖国的需要就是我们的责任

我们这一代人，生于 20 世纪 80 年代末 90 年代初，成长在新世纪的头 10 年。已经陆续成年的我们又该怀着怎样的心情，带着怎样的态度去看待国家意识与青年责任呢？我想，在同方阵，我们可爱的科技发展方阵并肩战斗的两个月里，我们也许已经找到了答案。

所有这些问题的答案都是一句话——因为祖国需要！

这就够了。当面对国家的需要，当祖国的荣誉要求我们做出牺牲，当国家的生日到来，希望我们献一份寿礼的时候，我们不需要思考，不需要犹豫，只会从心里发出呼喊：祖国的需要就是我们的责任！

——工物系　焦鹏飞

我们的价值在高度集体荣誉感中彰显

我们参加到游行队伍中来，是怀着一颗对祖国充满热情的赤诚之心而来的。我们为祖国的日益强大而自豪，我们为祖国的日益兴起而激动，我们也渴望祖国因我们的建设而更加灿烂辉煌。我们个人的力量很微薄，正是由于我们的团结和汇集，祖国才在走向繁荣富强的进程中更加稳健和富有活力，我们都是为了祖国的荣誉而并肩走到了一起。当我向妻子征求参不参加国庆游行的意见时，妻子很坚定地说参加，掷地有声，毫不犹豫。在从 7 月到 10 月的 3 个月的时间里，我们很多人放弃了与家人团聚，但我们深信，为了祖国的荣誉，这点放弃实在算不了什么。我们队伍中的许多人，其实都做出了程度不同的牺牲，但为了祖国荣誉这一个共同的目标，没有人有怨言。我们中队的胡啸尘同学，为了按时按要求参加国庆游行训练，几次退掉或改签飞机票，个人为此损失千余元，其家人没有丝毫意见，在她个人思想稍有动摇时，家人坚定地支持她参加国庆游行训练。刘江洋同学为参加国庆游行，多次与日本校方联系，推迟了去日本交换学习的时间。王珂同学为按时参加训练，未能随家人去日本和杭州旅游，在参加训练几乎一夜未睡的情况下奔赴司法考试考场。李兴安同学为按时参加训练，几次退掉火车票。他们，是为了什么？为了第 14 中队的荣誉，为了科技发展方阵的荣誉，为了清华的荣誉，为了祖国的荣誉。为了荣誉，为了大局，我们毫不犹豫地放弃了个人利益。在集体和个人之间，我们选择了集体，我们的价值在高度的集体荣誉感中得到了充分体现。

——人文学院　陈守朝

1 法学院的马腾同学非常努力地喊口号
2 国防生担任中队教练，认真教授动作
3 为了整体效果，每一个细节都要做到最好

努力吧，快趁年轻

蒋南翔校长曾经提出，真正的爱国主义是三层楼的概念，即爱国主义—社会主义—共产主义世界观，“只有把爱国主义和爱共产党、爱社会主义统一起来，才是真正的彻底的具有远大前程的爱国主义”。青年学生要有崇高理想，即为共产主义奋斗终身，还要有坚定的信念，即从资本主义到社会主义，最后发展到共产主义，这是历史的必由之路。每一个热血青年胸中必定有着爱，爱他的祖国，爱他的人民。为祖国而努力，也正是我们勤奋学习的动力。建国初，百废待兴，清华的一批热血青年，努力学习，毕业后投入到我国的“四化”建设中去，他们在各行各业，在祖国的每一个角落，完美地诠释了清华精神。

两千多人放弃了暑假，放弃了旅游与休息，放弃了陪伴家人，放弃了假期“充电”，为什么心甘情愿地为一个群众游行方阵做贡献？清华的两千多学子，个人得不到名，得不到利，为什么动力十足地坚持了两个多月？如果说那些最终上阵的正式队员是为了体现自己的价值，那么那些替补队员呢？他们为了什么？

过去的两个月的方阵训练，不仅是我们清华师生承担的一项政治任务，同时它还是一个熔炉、一所学校，它让我们发掘出了心中的对祖国的爱，艰苦的训练也磨炼了我们的意志，考验了我们的集体主义精神和组织纪律性，培养了我们的大局观念和奉献、牺牲精神，培养了我们的合作精神和吃苦耐劳的品质，是当之无愧的“阅兵精神”。我们在今后的学习、工作中要继续发扬这样一种精神，牢固树立“入主流、上大舞台、干大事业”的信念，努力把自己所学用到祖国建设中去，为全面建设小康社会、为祖国的强大、为民族的复兴而贡献自己的一份力量！

努力吧，快趁年轻！快趁年轻！

——工物系　金寿鹏

祖国成就了我的自豪

一直以来，总是说要报效国家，要为祖国做出贡献。但其实仔细想想，20 年下来，却好像当真从未为国家真正地贡献过什么，相反，自己却在享受着祖国能给我带来的一切，不由得便有些惭愧。于是，对于在这个秋天可以为祖国做些什么，可以为她庆祝她的六十华诞便满怀了期待。但其实仔细想一想，与其说是我组成了那一天她的美丽，倒不如说是她成就了我的荣耀。

无论过多久，我想我都不会忘记那天那个场景。那是在校外的一次合练，凌晨起床，清晨开始。天上的乌云一直在酝酿着，翻腾着。当清华大学方阵作为第四分指挥部的第一个队伍开始行进时，大雨终于从天而降。而那时，我们就那么默契地继续行进，一切如同平时一样，雨水落在身上，落在我们的手持物上，唯在嘴角流露出了一丝自豪而骄傲的笑意。永远不会忘记在经过检阅台时，在那时、那地、那景中直冲入心中的那个歌声：五星红旗，你比我的生命还重要。就在那个大雨迷蒙了眼前的时刻，在那个所有人自发喊着“一二一”的时刻，就在那个熟悉的旋律再一次响在耳边的时刻，蓦然发现，原来那面五星红旗早已在心中飘扬，重于生命，突然之间便从心底冲出一种想落泪的感觉。

一个国家对于一个人意味着什么？这是一个没有标准答案的问题。但在我想来，它至少是心底那最坚实的依靠，那可能在丧失所有之后最终的港湾。遥想那些动荡的年代，国破而家亡，一句“覆巢之下安有完卵”道尽了其中喟叹。我们的国家，比家更厚重，更深沉，它是家的归宿，所有中国人的根。而除此之外，它亦为我们精神世界的存在与腾飞提供了根基。感到国家的存在，亦是一个人心中最宝贵，也是最无法替代的部分。文化的传承，深植于血脉的悸动，这一切的一切，让我们真正地成为了一个炎黄子孙，除了黄皮肤黑眼睛外，在心底为我们打上了中华的烙印。对于我们，我们这些青年人，虽然我们的头脑还不成熟，我们的双手还很稚嫩，我们的未来还很飘摇，但无论今后我们走向何种人生之途，都应当做到达则兼济天下，而位卑亦未敢忘忧国。只有这样，只有我们每个人都这样，我们的祖国才会越来越充满魅力，在繁荣的路上越飞越高。让我们这一代一起努力吧！用我们的韶华、激情、梦想与心血，使得我们手上放飞的不仅仅是白鸽，还有我们那腾飞的祖国！

——工业工程系　林路

快乐同行

顾校长在回忆自己当年国庆游行的经历时，首先提到“增进了感情，磨炼了意志，坚定了信念”，后两条是需要时间来检验的，这增进集体感情、团结之情我已经深深地体会到了。训练之初，我因故错过了前几次基本动作的训练，那个时候真是又急又怕又羞愧，生怕回来后两眼一抹黑，跟不上队伍，“冒泡”事小，影响中队、影响集体事大。回校后我立即向中队昝老师申请“归队”。还想着怎么被教练单练呢，没想到下午休息，老师告诉我，“班上的杨阳、周博同学主动答应下午休息的时候教教你”。

在中队里，我总是感觉到来自大家的关心与爱。第一次合练，还没到集合时间，就有好几个同学的电话打了过来，生怕我睡过了赶不上；每次训练，总有女生提前买些防晒霜、润喉糖之类的小玩意儿；踩错点之后，后面的兄弟便会善意地拍拍我；口渴的时候，总会接过中队长递来的水……

我们在一起，简单并快乐着：坐在车上，我们为各种笑话捧腹；走在路上，我们为“风景”乱了阵脚；跑在雨中，我们为一次次“81 秒”而欢呼……也许，研究生少了一些本科生对集体的归宿感，然而在这里，我们却为一路同行而快乐！

——核研院　倪前银

我是同方阵的一员

窗外是炎炎夏日，烦乱着我的心情：我也有自己的计划，想去实践，想去打工，想回家陪爸妈，想去看可爱的外甥女。可是当我想到错过这一次，我可能永远不会再有机会参加国庆方阵的时候，先前的那些顾虑就显得不那么重要了。于是我积极地去想办法，变更自己的行程来配合国庆方阵的训练，因为我知道这些都是值得的。

为了国庆方阵的训练，我只回家待了 4 天。父母对于我参加国庆方阵十分支持，我很感谢他们没有给我任何阻力。在离开家的那一天，虽然他们极力掩饰，但我还是注意到了他们眼中对于我的不舍，因为这一别，我就只能在过年的时候回家了，又是半年不能见面。我想那句“舍小家为大家”从来不像说起来那么容易，毕竟家庭的幸福是一个人生活很重要的一部分，但是我们心中的权衡告诉我们在这样的一个重要时刻，选择为祖国做贡献更加的有意义，所以我坚定了自己走好国庆方阵的决心。我也默默地告诉自己，一定不能有丝毫的差错，因为有两千多人跟我一样，放弃了很多很多，我不能因为我的问题让他们留有遗憾，我更不能让我的父母家人失望。这是我们每一个人的艰巨而光荣的责任。

正如我们同方阵“同方”二字的含义：“合志而同方，共其忧而任其难，行忠信而不疑，”我们同方阵就像风雨彩虹般在困难的洗礼过后，变得愈发美丽！

——生命学院　李珺芸

1 方阵师生身着正式表演服装在西大操场彩排，手持物挥舞起来宛如一片美丽的彩虹
2 方阵副总队长杜汇良和副总教练熊剑平在检查正式手持物的编号
3 方阵总教练王和中咽部手术后还未拆线就回到训练场
4 方阵副总教练吕冀蜀奔忙在游行和新生军训之间

1		2	3	4

为清华骄傲

在艰苦的训练中，我，有过汗水，流过泪水，但满心洋溢的是对祖国母亲无限的热爱与感激。我没有告诉别人我有金属过敏症，就连训练裤上那颗小小的金属纽扣，也让我长了一肚子的疹子。为了能够保证每次训练的视觉效果，我坚持穿统一的训练服。为了避免那颗金属纽扣与皮肤的接触，在八月酷暑的天气下，我在训练服里又多穿一件自己的衣服。炎热，与我心中对祖国母亲的热爱相比，真的算不了什么。

我经受住了炎热的考验，却又迎来了在祖国母亲与生身母亲间抉择的考验。在我训练期间，父亲打来电话，说母亲高血压发作昏倒了，幸亏及时送到医院救治，否则后果不堪设想。父亲公务在身，无法照顾一个人在家休养的母亲，让我训练休息时间回家一趟。我抽空马上去买了返乡的火车票。然而在我回家前的第四天，突然接到指挥部的通知要加训，我急得如热锅上的蚂蚁。经过一夜的辗转反侧，我在第二天去火车站退了车票。我知道，每个人对自己的祖国都有义不容辞的责任，祖国的利益远高于我个人的利益，既然接受了任务，我便没有理由中途退出。

回顾这两个月的训练，我可以很问心无愧地说，我没有缺勤过一次，没有迟到过一次，没有早退过一次，并且以饱满的精神状态参加每一次的训练。但我并不以此为傲，因为我知道，我绝对不是唯一一个做到这些的人，清华人高度的社会责任感和爱国情怀都是一样的，我以此为傲，为自己是清华学子中的一分子而骄傲。

——医学院　李晶晶

向老师们致敬！

酷暑下训练，我们有过抱怨；秋雨中前行，我们有过情绪；半夜出征，我们有些不情愿。总说学校老师不为我们考虑，其实，你是否注意到，当我们“身不由己”地做着那些“不通人情”的老师要求的规定动作时，那些年龄相当于我们父辈，甚至更年长的老师们始终和我们一同站着、走着。即便是在我们坐下休息待命时，那些老师也是始终站立着对我们讲话，或是热情地鼓励我们，或是焦急地指出我们需要改进的地方。走得久了，我们就打不起精神，这时，即使队形乱不堪言，老师也会送出最大的褒奖，感谢我们的付出，让我们休息。但我知道，负责国庆训练这项工作的老师们也顶着很大的压力，他们其实很着急。我们上午训练累了，老师就给我们下午放假。可是那些老师自己却不能休息，他们需要开会解决训练时遇到的问题，为我们的训练制订详细计划。听说老师们有时紧急开会，一直开到深夜。

这里特别向两位年龄大于我们父辈的——王和中老师和吕冀蜀老师——致敬。王和中老师在我们训练期间做了甲状腺的手术，喉部有手术切口。大家都知道，手术后的人应当好好休息。可是王老师还未拆线就重返训练场，拿起话筒便像以前一样指挥训练，其敬业精神着实让我们佩服。吕冀蜀老师负责在方队里下口令，每天背着音响在队伍里和我们走同样的路程。稍微留心的人都会发现，吕老师腿脚并不很灵便。我们这些年轻的学生走多了尚且嫌累，何况一位年岁超过我们父辈，腿脚又不灵便的人呢？可他就是那样一趟一趟地和我们一同走着，甚至在我们累了时还要对我们进行鼓励。

再次感谢所有为国庆训练付出辛勤劳动的老师们！

——建筑学院　李姗

欢庆祖国六十

袁 驷

关心与激励

1	4	7	10
2	5	8	11
3	6	9	12

1 教育部副部长李卫红、思政司司长杨振斌看望方阵师生

2 首都国庆 60 周年群众游行第四分指挥部慰问团领导看望方阵参训师生，并赠送慰问品

3 首都国庆 60 周年群众游行第四分指挥部执行指挥王力军看望方阵师生

4 校长顾秉林赴昌平阳坊看望参加合练的方阵师生

5 校党委书记胡和平到沙河机场看望参加合练的方阵师生

6 副校长袁驷主持“国家意识与青年责任”课程报告

7 校党委书记胡和平在清华大学师生欢庆新中国 60 华诞庆祝大会上发表讲话

8 校长顾秉林在第 24 方阵最后一次训练中做动员讲话

9 校党委副书记韩景阳慰问方阵师生

10 校党委常务副书记陈旭在西大操场看望方阵师生

11 副校长张凤昌出席清华大学国庆 60 周年工作总结表彰大会并宣读表彰名单

12 校党委副书记史宗恺参加方阵临时党支部组织生活，和同学们一同讨论训练改进方案

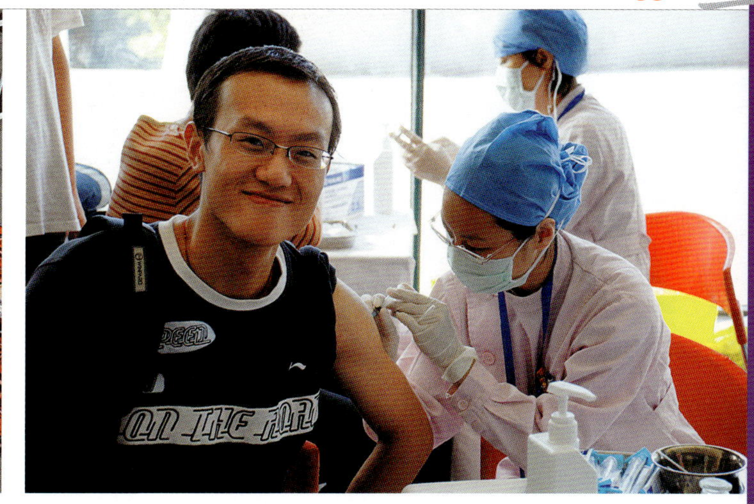

在方阵的背后

<table>
<tr><td>1</td><td rowspan="2">3</td><td>4</td><td>6</td><td>8</td></tr>
<tr><td>2</td><td>5</td><td>7</td><td>9</td></tr>
<tr><td colspan="2">10</td><td colspan="2">11</td><td></td></tr>
</table>

1 饮食中心为方阵师生准备外出合练夜宵
2 紫荆园食堂为凌晨合练归来的方阵师生煮热汤面
3 服装道具小组安排生产厂家为师生量测衣服尺寸
4 勤工助学大队的同学为方阵师生逐一摆放并核对正式表演道具
5 勤工助学大队的同学用塑料绳在操场上画出整个方阵的坐标，以准确摆放道具
6 校医刘爱琪跟随方阵师生参加合练
7 后勤保障小组在良乡机场跑道边搭建临时厕所
8 校医院联系北京市卫生部门为方阵师生注射甲流疫苗
9 校保卫处副处长王世明周密安排每次外出合练出行路线，确保安全
10 正大商贸公司为方阵师生运送慰问物资
11 校接待中心确保每次出行车队准时接送，安全抵达

看不见的光彩

有这样一群人，

他们亲身参加游行，却不能亲眼看见隆重热烈的国庆大典；

他们刻苦练习，却根本不希望自己所练的“功夫”派上用场；

他们身处方阵之中，却不需要穿统一的服装，因为没有人会看见他们。

他们默默地奋战在外表华丽、内部嘈杂的彩车中，随时待命，

紧急关头他们将用自己的全身力气推动 40 吨重的彩车顺利前行。

他们就是彩车的推车人员，

和他们一起并肩作战的还有车长、驾驶员、技术保障员这些幕后英雄。

1 彩车里噪音声很大，尾气浓重，推车人员戴着口罩在车内工作，积极乐观
2 在校园里训练时，彩车人员腰缠红色绳带，围出彩车的空间，跟随方阵练习
3 彩车司机在工作　　4 在沙河机场的分指挥部验收中，彩车是由钢管和绳带共同围成的
5 彩车内推车人员在艰苦的工作环境中坚守岗位，保证彩车运行万无一失
6 计算机系党委副书记张小平甘做替补，服务学生　　7 替补队员江青云同学迎接方阵队伍疏散

快乐的超级替补

方阵需要像我这样的替补，第 9 中队需要像我这样的替补。队里有工作繁忙的辅导员，有强忍着丧父之痛的同伴……他们有时不得不缺席方阵训练。此时，我觉得作为一名替补就应该挺身而出。事实上我并不把自己看成替补，我只是把自己看做一名没有固定站位的正式成员。我的站位会变，但是对我表演动作的要求不能变。替补不能做到正式队员的水平，设替补又有什么意义呢？

请组织和老师放心，我重视过程多于结果。和大家一起训练这么久我收获了许多感动，已经很满足了。参加同方阵，我绝不后悔！

——航天航空学院第 9 中队
替补队员　施徐国

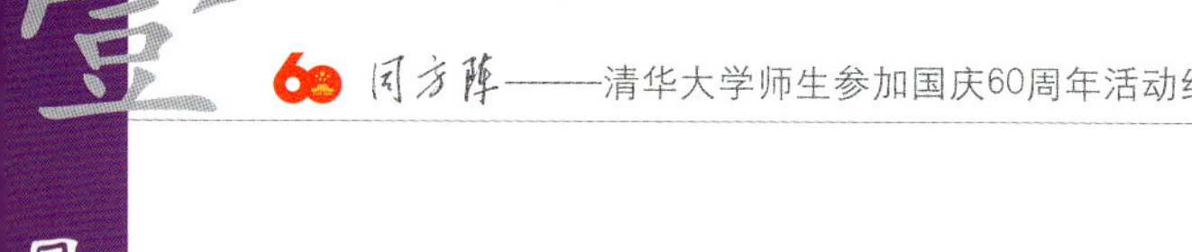

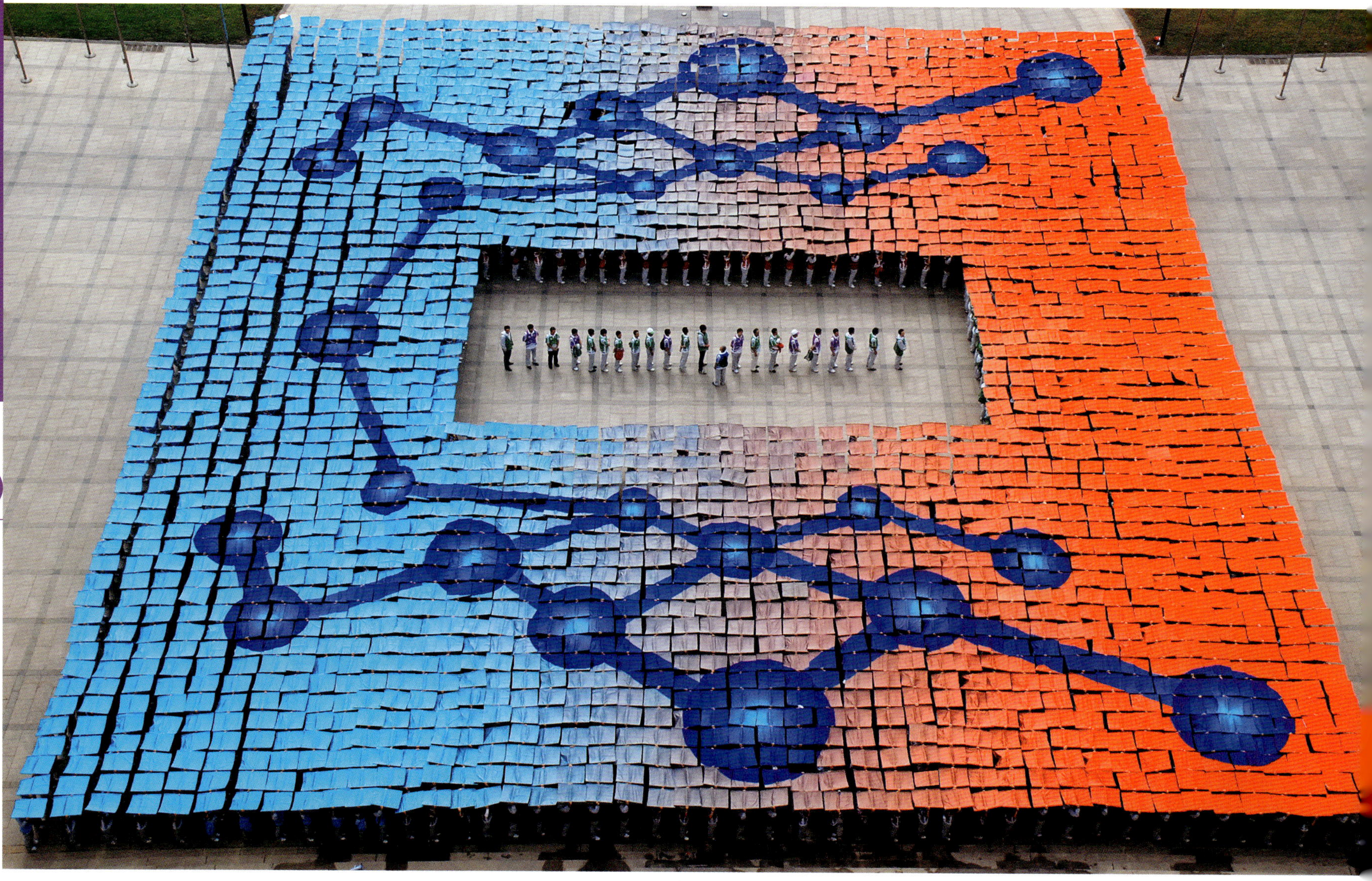

第 24 方阵总队合练全景图“立体分子链”，它象征着科技发展已进入生命科学时代，寓意着全国的科技工作者团结一心，为科技进步和创新不懈奋斗

第 24 方阵总队合练全景图“献给祖国母亲的微笑”，图案为网络交流中常用的笑脸符号，代表网络时代人际沟通的方式和清华师生喜迎国庆的愉悦心情

贰

八天七夜

第二篇 八天七夜

- 前奏：光荣而紧急的任务！
- 第一天（9月24日）：奔赴大兴，集结誓师
- 第二天（9月25日）：我能为祖国做点什么
- 第三天（9月26日）：训练改进大讨论
- 第四天（9月27日）：密云合练
- 第五天（9月28日）：走在长安街上
- 第六天（9月29日）：飞鸿传心意
- 第七天（9月30日）：我们都是中国人
- 第八天（10月1日）：一抹东方红

中华人民共和国万岁
世界人民大团结万岁
中国人民从此站
毛泽东思想万岁

2009 年 9 月 22 日，清华大学和武警北京总队接到北京市委通知，为优化方阵结构，需紧急组建一个新的方阵参加国庆游行。这个方阵命名为“奋斗创业”方阵，编号 4A，位于群众游行第四方阵和第五方阵之间，之后正式更名为“毛泽东思想”标语方阵。方阵共计 3279 人，由 2379 名清华同学和 900 名武警官兵组成。全体队员手举双色彩球，紧随毛泽东主席巨幅画像，伴随《东方红》音乐节奏，簇拥着“毛泽东思想万岁”、“中国人民从此站起来了”两幅标语走过天安门。

第 4A 方阵自接到任务起，32 小时完成报名集结，3 天完成密云机场多方阵合练，5 天完成天安门走场彩排。3000 余名游行方阵队员，40 余名组织后勤工作人员，不辱使命，圆满完成游行任务，被社会各界评价为“八天七夜”的奇迹！

前奏：光荣而紧急的任务！

9 月 22 日

中午 12 时，首都国庆 60 周年群众游行第二分指挥部指挥、北京市妇联党组书记、主席赵津芳，北京市委教工委副书记王民忠，团市委副书记于庆丰一行来到清华大学调研考察，校党委副书记史宗恺代表清华大学接受了紧急组建第 4A 方阵的任务。

下午 4 时，学校紧急召开第 4A 方阵组织工作动员会，各院系党委副书记、学生组长、新生辅导员参加，第 4A 方阵组织工作组成立，教务处制定新生课程调整方案，后勤部门制定保障方案。

晚上 9 时 30 分，学校在综合体育馆召开全体新生动员大会。校党委副书记史宗恺做动员讲话，大会现场发放报名表，公布报名条件、组织工作原则、教学调整方案。

9 月 23 日

上午 9 时，方阵指挥部赴大兴军训基地考察。

上午 11 时，方阵指挥部共收到 3044 名新生的报名申请，占新生总数的 90% 以上。

下午 3 时，在大兴军训基地召开与首都国庆 60 周年群众游行总指挥部、第二分指挥部、军训基地的工作对接会。

下午 5 时，确定我校参加方阵名额为 2500 人（含替补）。

晚上 8 时，召开新生辅导员工作会，发放集训须知。

晚上 10 时 30 分，校党委副书记史宗恺召开工作会。

当我们坐在综合体育馆，听到校党委副书记史宗恺老师宣布今年将新组织一个清华新生方阵时，每一位九字班同学都从心底发出了兴奋的欢呼。

在回宿舍的路上，听到有同学说“被国家培养了 19 年，终于有机会报效祖国了”，我顿时感觉有一股炽热的暖流涌遍全身。是啊，以前报国的故事都只是在历史书上读到，而这一次，我们将成为历史的主角，历史注定要由我们——这群刚刚离开父母来到大学、心中充满梦想与激情的九字班新生来书写。能得到这个机会，我们是幸运的。但要出色完成任务，仅仅幸运是远远不够的。用 6 天时间完成别人需要 90 天才能完成的方阵任务，我们深知任务之艰巨。但是我们有挑战自我、创造奇迹的信心，因为我们是清华人，自强不息的清华人！ 63 人的长排面，我们可以看齐；进行曲的鼓点，我们可以踩准；三千多人的方阵，我们可以走出零误差！

——医学院　毕仲圆

经过一天痛苦的等待后，终于从辅导员口中得知自己能够上方阵。晚上在寝室兴奋地收拾着东西，商量着还要带什么东西。由于早早地把被子装进箱中，等到要睡时，发现没被子盖，自己又不愿开箱，晚上睡得那个冷啊……5 点，集合，天还是黑的，路灯散射出橘黄色的光芒，清晨的校园还是挺冷的，但是大家心是热的。拖着行李箱，大步向前迈，看着清晨的清华园，大家心中满是憧憬。依稀的路灯透过叶子间隙照在同学们脸上，那是一双双充满期待的眼神。

——工物系　潘建雄

第一天：奔赴大兴，集结誓师

9月24日

凌晨4时，方阵指挥部完成各院系最终入选名单的汇总和方阵分队方案。

凌晨5时，正式队员和替补队员共计2526人在紫荆操场边集合登车，乘坐77辆大巴车前往大兴军训基地，与北京武警总队900名官兵汇合，共同组成第4A方阵。清华大学在短短32小时内，完成了动员、报名、集结等一系列工作。

上午10时，第4A方阵誓师动员大会在大兴军训基地举行。北京市委常委、首都国庆60周年群众游行总指挥梁伟，第二分指挥部指挥、北京市妇联主席赵津芳，市教工委副书记王民忠，团市委副书记于庆丰，清华大学第4A方阵总队长、党委副书记史宗恺，北京武警总队副参谋长李宝林出席大会。

中午，第一次辅导员例会，确定每日13：00和21：00两次定点例会制度。

下午，进行方阵队列排序及首次队列训练。

下午，组织报送全体队员服装和鞋子尺码。

晚上，组织未带照片的700名队员连夜照相，用于政审报名。

9月24日凌晨，第4A方阵参训师生携带行李集结出发

23 号早晨我们便到达大兴高校军训基地。面对着 2 栋宿舍楼和 17 排简易工棚的时候，我们三个先期负责后勤的辅导员都傻了——要在 18 个小时之内完成这 3000 人的宿舍分配和就餐、洗澡方案。我不记得那个时候的心理反应，除了觉得工作量无比之大以外，就是要无条件地完成工作。

24 号早晨 8 点，在完成了所有预备工作后，我们躺在训练大院的水泥板上，静静地等待着这支光荣队伍的到来。此时的大院如此的平静，但总有种轰轰的声音从我的胸中激起。他们似乎要来了，我总感觉下一秒钟车队会驶进来。如果这是电影的一个片段，应该是轰鸣；77 辆大巴排排停靠，辅导员们“……系……系……系”的呼喊声，还有的就是那可爱的迷彩服……脸上的憧憬、渴望、困倦、懵懂。

108 宿舍兼做办公室；在容纳 2000 多人的食堂大厅中，我们三个人向所有同学传递着信息和通知，看着同学们可爱的面孔；由于人多水少，澡堂里两三个人共用一个淋浴，还要无奈地被我们在 15 分钟后停水叫出来；开车不停地奔波在那条乡村路上，购买回一批又一批的物资；每天都有数不清的货物运输车，上万份的物资从车上卸下。我脑中总是响起这样的声音：昭源，快去买 60 个手电筒！昭源，快到训练场把这批物资送过去！昭源，外面的物资发放快去协调！当然，最无法消逝的声音就是方阵每天训练的音乐。

——校团委辅导员　张昭源

1	2	3

1 群众游行指挥部领导和学校领导出席誓师大会
2 在大兴军训基地的第一次集体午餐
3 参训师生居住的简易宿舍

军训基地位于北京最南端，一个打不到出租的地方。吉松（化工系辅导员）询问情况时，我用了“条件很艰苦，工作很辛苦，训练很刻苦”来形容。硬件设施也跟不上趟，宿舍内除铁架床外一无所有，办公室内没有电话、没有网络。硬件的困难我们很快克服了：没有被褥自己带，没有电话用手机，没有网络紧急购置了无线网卡。

温总理说过：一个很小的问题，乘以 13 亿，都会变成一个大问题。这在 2500 余名新生身上体现得尤为明显。吃饭、洗澡、发物资，稀松平常的小事，在军训基地里，都成为要系统规划的工程。以吃饭为例，不同方阵的训练结束有先后，食堂的座位数量有限，如果先就餐的同学多占了一个座，后面就有一个同学只能站着吃饭。吃饭要提前分批次、按区域排好，同学对号入座，听命令开饭并限定就餐时间，这场景让人联想到《人间正道是沧桑》里黄埔军校就餐的严规。

—— 校团委教师　司志杰

第二天：我能为祖国做点什么

9月25日

上午，初次绘制完成游行方阵点阵图。

上午，建立体温晨检制度，凡发热者就地隔离并24小时内返校。

上午，交通组、集结组、疏散组赴天安门、八宝山地铁站等地考察集结疏散现场。

中午，明确按院系为单位的生活组织体系。

下午，组织全体参训人员注射甲流疫苗，共有近千名同学和武警官兵注射。

下午，经与第二分指挥部、大兴基地协调，解决了方阵队员的饮用水配发问题，确定第一次洗澡方案。每天每人配发一份酸奶、牛奶和水果。

下午，与第二分指挥部各部门对接，讨论26日下午赴大兴16号基地训练、27日上午赴密云机场和27日夜晚赴天安门的交通方案，以及27日夜晚赴天安门走场的集结疏散方案。

下午，交通组现场考察大兴16号基地的行车路线。

晚上6时，校党委副书记史宗恺、学生部部长杜汇良与同学共进晚餐，了解基地后勤保障工作。

晚上8时，各院系临时党支部组织主题为"我能为祖国做点什么"的党组织生活。

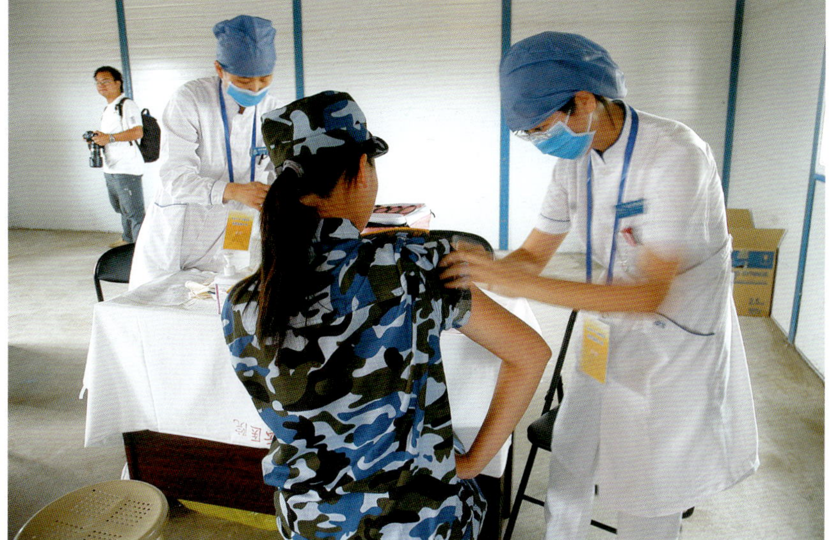

1 训练现场，方阵初显整齐

2 参训同学接种甲流疫苗

晚上，系辅导员通知全体党员和预备党员开座谈会。在会上，他问道："请你们说说自己为祖国做了什么。"这出乎意料的一问让我一时语塞。坦白说，这是我第一次思索个人与祖国的命运联系。是啊，作为一名清华人，我为国家做了什么？我突然感到自己作为清华人的重大责任，而眼下的国庆游行正是这样一个艰巨的责任。

——精仪系　王子建

我们真的是幸运的一届，大学生活有个如此不平凡的开始，让我们深深品味清华精神的内涵、"我与祖国共奋进"的含义。那天下午我坐在训练场上，我们挥着简单的手持物，哼着《东方红》、《没有共产党就没有新中国》，脸上挂着纯粹而开心的笑容，那一刻我突然觉得我们就是未来的脊梁。

我的微笑漾在嘴角，那微笑中，有90后成长在和平中的幸福，有90后成长在国际大潮中的使命，更有清华人顶天立地的责任，中国人自强自立的傲骨。

——工物系　王亦舒

他们说会很苦，我们不觉苦；他们说会很累，我们不怕累；他们说会很难，我们不畏难。训练场上来回往返的脚步，消磨不了我们走进大兴时带来的热情，却磨砺出我们整齐的步伐。我知道，从走进这里开始，就有无数双关切的目光注视我们，无数双手传递关爱。辅导员、老师、训练教官……他们尽心做好各项工作，让我们专心训练，无后顾之忧。夜幕中武警战士更加用心加班训练。我们心目中都有至高的标准，短暂的五天半的训练是挑战，更是难得的机遇，不敢妄自给以过高的期许，但我们谁也不敢怠慢松懈。

每一次踏乐，踏进心中一种铭心刻骨的感动，唤醒身体中那些原始的生命律动；每一次表演，挥舞出一段难以忘怀的颂歌，感染着青春里种种鲜艳的红色记忆。

八天七夜，我想说我们是累并光荣着。不敢忘记自己当初报名时的热情，不敢放弃自己心目中的标准，更不敢轻言自己的累与苦，因为有身边那些武警加紧训练的身影，因为有那些关切者的掌声。时间短暂不是借口，既然选择承担，就要全力表现。

——电子系　张鑫

1　方阵指挥部工作对接会
2　满腔热血报国心

1	2

1 清华大学党委书记胡和平在方阵训练现场发表讲话，为方阵队员鼓舞士气
2 同学们和武警官兵为改进方阵训练建言献策

第三天：训练改进大讨论

9 月 26 日

上午 8 时，全体师生冒雨准时进行队列训练。

上午 10 时，清华大学党委书记胡和平、党委副书记韩景阳来到大兴训练基地慰问全体参训人员，并发表热情洋溢的讲话，鼓舞了全体方阵队员的信心。

上午 12 时，因甲流防控要求而在校留守的化工系全体新生给第 4A 方阵寄来一封信，表达衷心祝愿。

因下雨，下午在 16 号基地的训练取消。

下午，为迅速提高队列训练质量，总教练王和中集中全体人员进行了公开讨论，武警官兵和同学们踊跃建言献策。队列训练初见成效。

下午，清华大学与北京武警总队协商，选定行进指挥长、集结汇合指挥长和疏散指挥长。

下午，启动十一期间返乡学生火车票退票和补订票工作。同时，为防止冒雨受训的同学患病，做好甲流防范工作，开始每日配送姜汤。

晚上，方阵指挥部制定完成 27 日合练走场的全部交通、集结和疏散方案。

晚上，正式确认以“八天七夜”作为宣传纪念册的主题。

晚上，方阵指挥部连夜组织车辆将 24 位发烧和身体不适的同学全部送回学校隔离。

“我觉得我们方阵最大的问题是……”这是同学们在进行大讨论，谁都可以上去说几句。看到同学们讨论得那样热烈，我觉得心中的火被点燃，对这个新组建的方阵充满了信心。感激那天下午短暂而又意义重大的讨论。

时间过于短暂决定了训练强度的增加，特别是武警战士，他们每天都要加练到11点以后，因为他们充当的是标兵，如果他们出问题，那么整个团队都会受到极大的影响。但清华的同学们也并不轻松，每天6：50开饭，8：00训练至12：00结束，下午2：00开始训练至6 ：30结束，大家都把这次训练看成军训的延续，将军训时的精神都拿了出来。

后勤团队制定了充分的预案。由带队辅导员每天向指挥部汇报体温状况，将发热同学转移至医护站，由医生初步判断基本情况后将大家送至学校相关地方进行短期隔离进一步观察。同时，每天十几桶的姜汤或者是板蓝根冲剂都会出现在每一排宿舍前让同学们自取。这些措施的采取有效地控制了发热情况，并消除了部分同学对甲流的恐慌。除了在医疗方面进行关注，后勤团队在饮食上也下足了功夫。第一天的食物几乎全部是肉，很多同学表示太油腻，大强度的训练下对这样的食物根本没有食欲。了解到这一情况后，后勤团队迅速做出反应，紧急调拨了一批蔬菜，保证了大家每天都能得到良好的饮食。另外，洗澡、火车票退订、物资发放等方面他们也做了大量细致的工作，而且他们经常是连续工作几十个小时而无休息的时间。这里对他们表示感谢，正是因为有了他们，我们才能够没有后顾之忧地进行训练。

——机械系辅导员　姜威

大家带着创造奇迹的心情而来，所以训练再苦、再累也没有人说，大家都在为方队着急。在队伍中听到最多的是“别休息了，再练几遍吧。”但是三千多人如何踏乐，如何整齐，大家的信心和斗志在不确定中有些消散。相信谁也不会忘记那个让我们第一次有了自信的傍晚，我们改用歌词记动作，大家在心里第一次放下了忐忑，训练场上响起了一阵又一阵的掌声，我们告诉自己：我们可以了，我们看到了希望！3000多人共同的心愿在那晚的暮色中凝成一片众志成城……

——经管学院辅导员　匡玥

1	2	3	4
5			

1 清华大学党委副书记韩景阳莅临训练现场，慰问鼓励参训队员
2 同学们身穿配发的一次性雨衣，在雨中坚持训练
3 方阵训练全景
4 同学与方阵总教练王和中老师交流，提出改进训练建议
5 方阵全体人员在雨中坚持训练，一丝不苟

第四天：密云合练

9 月 27 日

凌晨 5 时，方阵全体人员乘车出发，经历四个多小时车程抵达密云机场参加合练。

上午 10 时，北京市委常委、教工委书记赵凤桐，北京市妇联主席赵津芳，市教工委副书记王民忠，清华大学党委书记胡和平，第 4A 方阵总队长、清华大学党委副书记史宗恺全程观看了合练。

下午 4 时，发放国庆游行正式演出服装的上衣，开始配送板蓝根汤剂并进一步加强体温监控工作。

中午，完成全体方阵人员政审工作，在校留守人员协助手续的办理，完成 7800 页政审表的整理盖章。

晚上 9 时，方阵全体人员乘车赴天安门广场，进行适应性走场排练，方阵总队长、清华大学党委副书记史宗恺同车前往。

1 北京市委常委、教工委书记赵凤桐，北京市妇联主席赵津芳，清华大学党委书记胡和平等领导在商讨第 4A 方阵训练方案

2 经过三天紧张、科学、有效的训练，第 4A 方阵已经初具规模。在密云机场合练中，全体方阵队员高度认真，倍加珍惜难得的合练机会，取得了很好的合练效果

起 来 了 要 求 科
毛 泽 东 思 想 万 岁

经过两天半的训练，大家基本上都能够较好地完成手持物动作，并且队形也相对整齐，王和中老师对大家进行了高度赞扬。为了让大家尽快熟悉环境，指挥部决定 27 日在密云某地进行演练，并在当晚进行第一次也是最后一次天安门实地演练。所有参训同学 4：00 起床吃饭出发，赶到演练场后我们和第 4 方阵及第 5、6 方阵进行了首次合练。我们一共走了 4 次，表现也越来越好，据王和中老师说，我们的时间误差都是在允许范围之内，大家都很激动。而整体横排面也表现得非常不错。中午近 1：00 我们结束了密云的演练，大家迅速返回大兴基地，并于当晚驱车赶至八宝山地铁站，随后乘坐 1 号线到达天安门东站，在历史博物馆前集结完毕。夜晚的天安门恢弘美丽，但是大家没有多少时间欣赏美景。演练是紧张的，大家迅速就位，北京市有关领导观看了我们的演练。两次来回让大家感受到了不一样的感觉，也更加激起了大家练好、走好、完成好任务的决心。最后经过统计我们在天安门的误差仅有 4 秒！这个结果是令人激动的，第二分指挥部的领导和杨导演、王老师总是用奇迹来形容大家的表现，而大家也都在用实际行动去验证这两个字。虽然这一天过得非常辛苦，但是大家都十分激动和兴奋，特别是几名同学在天安门前听到《东方红》的时候留下了激动的热泪。确实，当我们踏着《东方红》的乐点走过天安门城楼时，那份激动难以自已。大家都情不自禁地用自己最大的声音喊出口号，并且十分努力地完成每一个动作。这样的场面、这样的情形总是让人感到光荣与骄傲，大家都想真诚而大声地喊出：祖国万岁！

——机械系辅导员　李培旭

1		4
2		
3		

1 在训练中体验幸福的感觉
2 在训练中体验幸福的感觉
3 方阵全体队员奔赴密云机场参加合练
4 参训同学在认真标齐排面

记得我坐在 57 号车的前排，从漆黑的车窗外向外望去，长长的车队在公路上蜿蜒盘旋，让我恍惚想起了语文课上曾经学过的一篇课文中的插图，那是红军举着火把翻越大山的动人场景。每辆车都开着侧面的警示灯，一闪一闪持续不断，连接成了我们第 4A 方阵的光锁链。这在寒夜里陡然间带给我一丝暖意，让我想起我是和一群多么可爱的人在一起。

——人文学院辅导员　燕妮

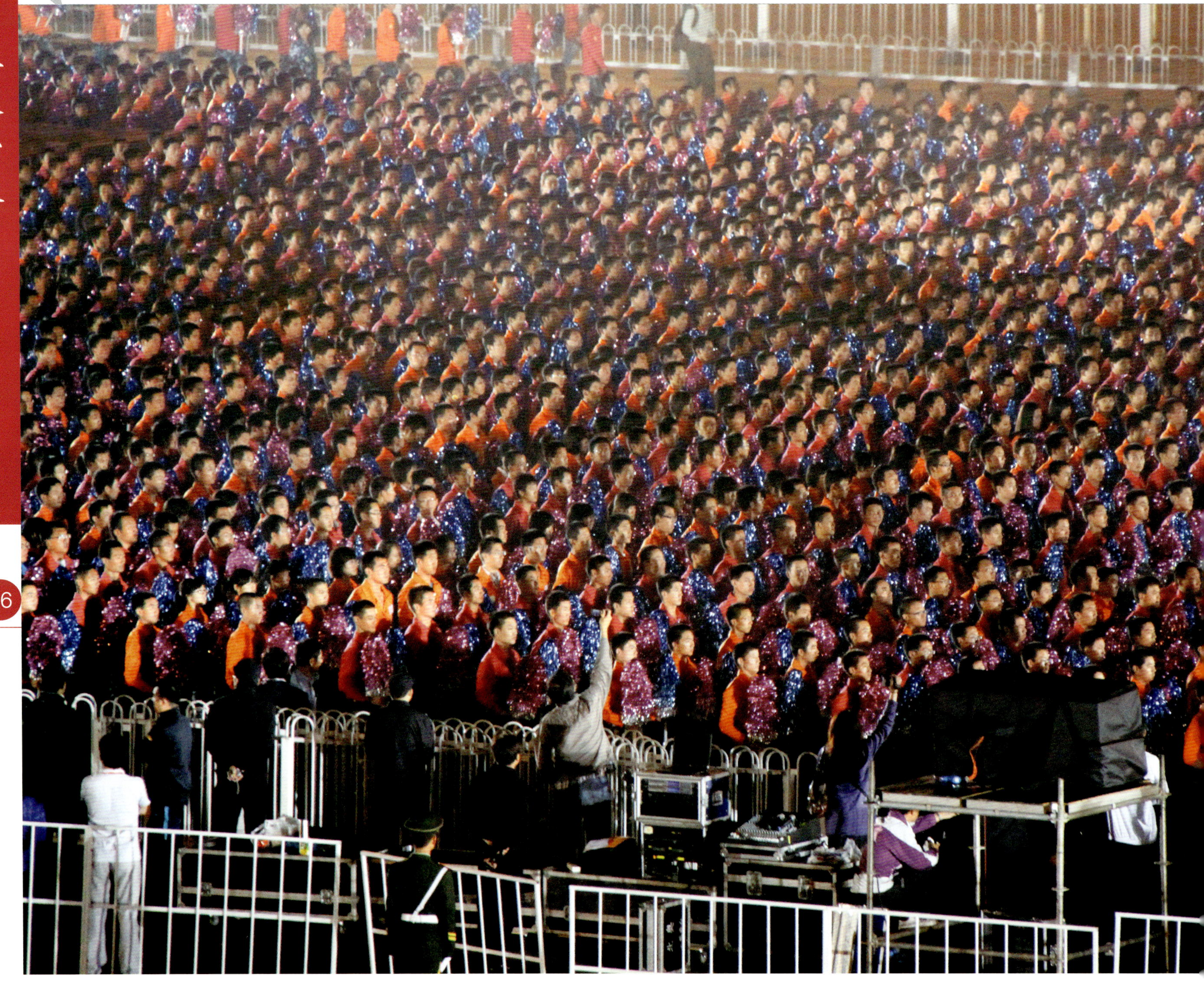

1 第 4A 方阵在天安门前整队集结，开始进行适应性走场训练
2 第 4A 方阵在天安门前进行适应性走场训练

1	2

第五天：走在长安街上

9 月 28 日

凌晨开始的天安门广场适应性走场效果很好，队伍行进时间误差仅 4 秒，受到了北京市委及总指领导的高度评价。凌晨 3 时乘车返回，5 时到达大兴基地。

上午，停训休整。

下午，开始制定正式游行所需的全套工作方案。

下午，方阵指挥部总结天安门走场经验，开始演练集结疏散方案，进一步加强后勤保障工作。

当晚，各院系以“当我走在长安街上”为主题组织开展主题团日活动，深入讨论国家荣誉与青年责任的关系。

1 第 4A 方阵在天安门前进行适应性走场训练
2 群众游行总指挥部、第二分指挥部及第 4A 方阵领导莅临现场指导
3 第 4A 方阵在天安门前集结

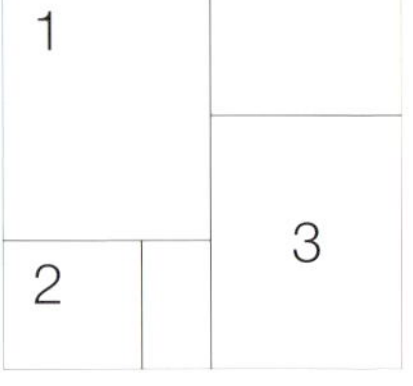

走在长安街上

——水利系　陈雨晴

走在长安街上，灯光如斯温暖。
一点钟清新的空气，在手指脸颊处弥漫。
是怎样的心情，让我的脚步在颤抖，
是如此的豪迈，让我的心怦然鼓动。
长安街上回荡的，是毛主席令人振奋的话语，
“中华人民共和国”这激昂的名字在欢呼中响彻寰宇。
中国人民从此站起来了！
我们在中华第一街上高呼：
毛泽东思想万岁！
我们在曾经挥泪送总理的十里长街上振臂！
当温暖如斯的灯光照射在我的身上，
我的眼里闪耀着星般的光彩。
当闪耀东方的灯光扫过我的脸旁，
肩上蓦然一沉，
那是祖国赋予我的重任。
走在长安街上，
我默默地走着，激昂地走着，昂首地走着！

9月28日凌晨一点半从天安门东地铁站出来，一下子没有意识到这是在深夜时分。璀璨的华灯映得长安街上空如同白昼，雄伟的天安门城楼屹立在这一片光华之中，安然从容，气魄巍然。在天安门广场上，个人渺小得如同汪洋中的一滴水，而在祖国这万丈光华中，我愿做淡淡的一笔。

走过天安门城楼，手中的彩条迎着华灯显得异常缤纷，我一下子非常感动，感动于祖国赐予我们的光明和安宁。六十春秋，甲子轮回。中国的车轮碾过泥泞，走向繁荣，一代代中流砥柱无悔的奉献，十几亿可爱人民执著的奋斗，把细流汇成汪洋，撑起了共和国的大厦。现在，我们即将成为历史的主角，用青春与汗水换回祖国日新月异的变化。

——工物系　王亦舒

“苟利国家生死以，岂因祸福避趋之。”这是我学书法时写的第一幅作品，也是我临行前的夜晚，脑海中反反复复地想着的诗句。不是所有的人都能成为三闾大夫，成为董存瑞，成为邱少云，为国家献出生命而无怨无悔。但我们都应该有这样的意识：当国家需要的时候，我要为她出一份力。三千多人的队伍中，我只是平凡的一员；几万人的队伍里，我是更普通的一分子；成百上千万的大学生中，我更加渺小；而十三亿的国人里，我便成了一个微不足道的90后。可是，当我站在自己的坐标点上，走在第4A方阵的队伍里时，我就是独一无二的。我的一举一动都关乎方阵的效果、大学生的形象、90后的风采与祖国的荣耀，这种责任是沉重的，也是幸福的。

——外语系　许心

第六天：飞鸿传心意

9 月 29 日

上午 9 时，武警北京总队副政委崔景龙中将来到大兴军训基地，看望并慰问方阵全体人员。

上午，方阵指挥部与二分指再次踏勘集结疏散现场，讨论集结疏散方案。

下午 1 时半，北京市委常委梁伟、北京市妇联主席赵津芳、北京市团市委副书记于庆丰来到大兴训练基地看望慰问第 4A 方阵全体参训人员。

下午 3 时，北京市妇联主席赵津芳、清华大学党委副书记史宗恺召开工作会，落实游行准备工作，确定返程交通安排。

下午 4 时，清华大学顾秉林校长、党委副书记史宗恺及部分院系领导来到训练现场，亲切看望参训同学和武警官兵。顾秉林校长走到同学中间，即兴演讲，鼓励大家为祖国的荣誉而奋斗。

下午，启动“一封家书”活动。每位同学都给家人写了一封家书，由指挥部于 10 月 1 日清晨统一从清华园邮局寄往全国各地。

下午，配发正式手持物和游行演出的正式服装、纪念品，进行手持物维修和服装调换工作。

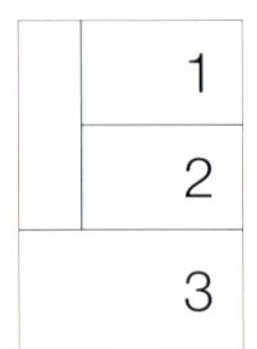

1 方阵指挥部启动“一封家书”活动，参训同学每人给家里写一封信，用国庆纪念首日封邮寄回家

2 武警北京总队副政委崔景龙中将来到大兴训练基地慰问参训人员

3 清华大学校长顾秉林来到大兴训练基地慰问参训人员

一封家书

妈妈：

您知道当我得知我可以成为国庆游行方队中的一员时有多么的激动吗？

还记得在暑假里每晚散步路过操场，嘹亮的《歌唱祖国》回荡在操场上，夜幕下那些师兄师姐们整齐的步伐令我激动不已，想到他们将亲自为新中国 60 周年贡献一份力量，也令我十分的羡慕。

还记得在那个平常的夜晚，我们在 9 点钟从四面八方涌入了综合体育馆。当史宗恺老师告诉我们，我们 9 字班新生将组成一个新的方阵站在群众游行队伍的前部时，整个场馆沸腾了，我们都难以置信这历史性的时刻将落在我们身上。辅导员对我们说：祖国选择了我们，我们不要让祖国失望。我们在心中默默地发誓：祖国，我们不会让您失望！

还记得，当面对八天七夜的承诺时的忐忑不安；还记得，当 9 月 24 日来到基地时的不知所措；还记得，我们顶着烈日、不顾下雨，身着七彩的雨衣在场地的一次次“对音”、“踏乐”；还记得，站在队伍里，我们竖排、横排总是不规整，手势动作总出错。我不禁问自己：六天，六天的训练真的能办到吗？

但是，一切终将过去，坚持过后就会有彩虹！今天，我们站在这里——我们伟大祖国首都北京天安门前宽广的长安大街上——我们已经做到了。

步伐不再零乱，而是稳健如一；手势不再如波浪涌动，而是整齐划一；排面虽然波动，但每个人都用心呵护它。我们做到了！

耳畔是那首《东方红》，每每响起，身边的同学和身后的武警都会伴着音乐而哼唱。我们骄傲我们是一个中国人，我们自豪我们是 90 后，我们代表着新一代的青年人，以祖国为荣，随时准备接受祖国的检阅，绝对完成祖国交给的任务！

在乘地铁回来的路上，我身边坐的是指挥我们的武警总队的上校。我问他，要在六天的时间里组织起我们这样一支新的队伍，您的压力大吗？令我惊讶的是，他竟然微笑着说：“没有压力，因为我绝对相信清华，相信清华学子能在六天中出色地完成任务，交出满意的答卷！”当时已经是凌晨 3 点了，方阵刚完成天安门适应性走场，但他的话仍然令我激动不已——祖国选择了我们，我们有自信让祖国看到我们最靓丽的风采！

2009 年 10 月 1 日将是一个被历史记住的一天，也是我们人生中深深烙印的一天。我期待我们的表现！

祝妈妈永远健康快乐！

刘业帆　敬上

2009 年 9 月 29 日

1 参训同学认真写家书

2 一封封家书饱含着深情

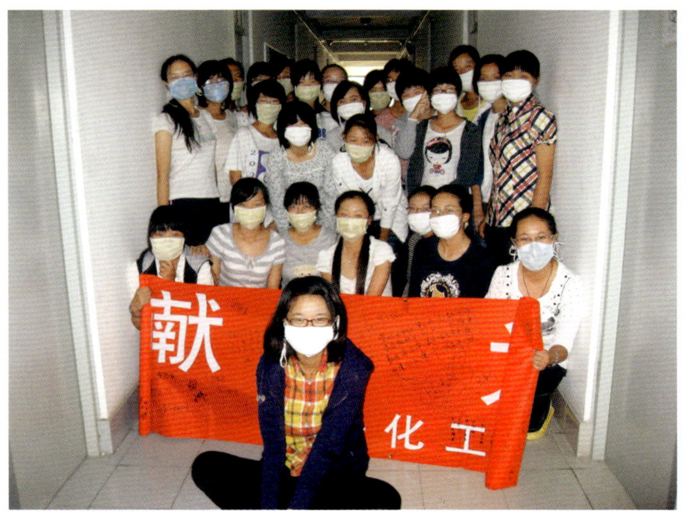

浓浓同窗情

化工系留守新生致第 4A 方阵的一封信

亲爱的清华大学 2009 级兄弟姐妹们：

真的很羡慕你们，因为你们能够拥有这个机会，成为国庆游行方阵中光荣的一员！可惜，当我们一样怀着兴奋的心情整理行装的时候，甲型 H1N1 流感像一只无情的大手，阻断了我们的希望，让我们不得不继续留在清华园，远离曾带给我们无数憧憬与梦想的国庆游行方阵；远离一同经历军训、一同昂首阔步走过东操主席台的兄弟姐妹们！

面对现实，我们曾感到无比沮丧，无比失落。很多女生流下了伤心的眼泪，很多男生也在失望和郁闷中度过了一个个夜晚。为了这一天，我们退掉了回家的车票，我们重新安排了几天的行程，我们兴奋地给父母打电话通知喜讯……

骑车穿过秋日的校园，到处都洋溢着喜悦，可我们的心中却有着不相称的苦涩。或许我们会自我安慰说"训练艰苦，假期美好，学校生活温馨"，但无法掩饰我们心中的失落和不甘。我们深知，我们错过了一个能够让自己一生为之感到荣耀的日子！也许再没有这样的机会，能让我们对自己的子孙后代们叙说，让他们为之骄傲和自豪了。

你们是多么幸运啊！你们自从穿上这身漂亮的游行服装开始，就成为你的同学们，乃至千千万万人羡慕的天之骄子。然而，你们同时也担负起了沉甸甸的重托。你们肩上所承载的，不仅仅是整个方阵的荣誉，更是所有留在清华，无法参加国庆阅兵的同学们的荣誉，是所有清华新生共同的荣誉！要知道，在你们的背后，还有一千多双闪亮的目光在关注着你们，在默默为你们祝福，为清华祝福！

我们深知，自己的留守，正是为了你们的成功。为了你们能够以健康的体魄，毫无后顾之忧地全情投入到训练中来，为了清华的新生方阵能够在阅兵中踏出最华美的乐章，我们每一个人都愿意做出最大的牺牲！甲流并不可怕，只要我们有坚持到底的决心，最后的胜利一定属于我们！！

虽然不能亲身踏上阅兵场，但是我们已经不再失落，因为我们在抗甲流的战场上同样为祖国出了一份力。我们坚信，清华 2009 级的兄弟姐妹们是最出色的，我们一定会用最大的努力和热情，向祖国母亲六十大寿献上自己最真挚的爱！

谨代表我们清华 2009 级新生向祖国献上最崇高的敬意！

愿我们的第 4A 方阵踏出最整齐的步伐，向国庆献礼！

愿我们新中国的 60 周年庆典圆满成功！

化工系全体 2009 级新生

第七天：我们都是中国人

9 月 30 日

上午，组织最后训练，讲解游行安全注意事项，强调安检要求，千人横幅签名誓师。

上午，总指配餐食品到达，清华大学饮食中心工作人员帮助分餐至每人一袋。

上午，安排搬家公司车辆，将剩余物资运回学校。

下午 2 时，最后一次辅导员工作协调会，布置游行工作方案。

下午，安排同学分两批洗澡，休整。

下午，发放配餐食品，调换服装、鞋子、修理手持物。

下午 5 时，后勤工作人员协调会，布置现场组织工作。

替补人员已从进驻时的 130 多人减至 7 人，部分辅导员及工作人员替补入队。

1 清华大学校长顾秉林在方阵中发表即兴演讲，热情鼓励参训人员
2 方阵换上正式手持物进行演练
3 化工系 2009 级新生中发现甲流疑似病例，全系新生在校留守，未能参加第 4A 方阵训练。留守新生写信鼓励参训同学
4 方阵指挥部进行最后一次工作会议
5 方阵全体人员在誓师横幅上签名

“我来自香港，对我们历史悠久、文化深厚的祖国有着深深的热爱。能来到清华大学读书，能在国庆这样重要的日子里贡献一点自己的力量，为祖国献上一份祝福，是我的荣幸。我想很多香港同学也都是这样想的。”

“看到别人都这么忙，我希望尽我所能为大家做一些事情。就算是当替补，能够参与其中，我也觉得很光荣，因为亲身感受这种氛围，让我有一种认同感，我是中国人。”

“其实训练也没有想象的那么辛苦，大家能够在一起生活真得很好。特别是我学到了很多东西。我从小接受的是西方教育，所以可能往往会先从个人考虑，而身边的同学们更具有集体责任感，是值得我学习的。”

“我更深刻地认识了自己，原来以前那些以为自己克服不了的困难其实是可以克服的，原来自己有这么大的潜力。生活条件确实有些艰苦，不过也让我明白，原来那些我们以为理所当然的东西其实并不是顺理成章的，所以我们要珍惜现在的生活。最重要的是，我想告诉大家，我们的根是一样的。虽然接受不同的教育，香港人看起来可能不太一样，但本质上是相同的，就是我们都是中国人。”

——环境系香港学生、方阵替补队员　张家曦

	1	2	3	4
5				

1 武警战士在训练间隙表演节目，一展身手
2 新生辅导员们因陋就简在训练场边坚持工作
3 清华大学饮食中心增派人手保证方阵后勤物资供应充足
4 方阵指挥部工作人员指挥物资发放
5 方阵进行战前最后的加紧练习

让我最感动的一次是，在密云机场合练的那天，当我无意中和一些替补辅导员提到“现在替补的同学人数不断减少，替补的辅导员也应该练一下基本动作了”。围在我身边的几位辅导员什么也没有说，我却看到他们每个人的眼睛里都闪过一丝亮光，还有一位女生辅导员悄悄地捏紧了拳头。当时，我的泪水一下子就模糊了双眼。他们默默做出巨大的奉献，我深知他们也非常想加入到国庆游行队伍中，但他们从来没有主动提出过这一愿望。即使我已经这么说了，他们还是什么都不说。即使有机会，他们也会让其他替补的同学先上场，把自己总是放到最后考虑。当时，我实在无法控制自己的感情，赶快转过身离开了。我走到僻静角落，任由眼泪流下来——这些辅导员们，是多么可爱可敬的人啊！

游行前的一个晚上，我到学生宿舍区走访，看到很多同学躲在角落里给家里打电话，他们聚精会神、非常兴奋地描述自己在方阵中的位置，讲述清华承担的这项光荣任务。通过这次第 4A 方阵的组织，我坚定了信心，与我们这一代人相比，这些学生是更优秀，更有责任心的。有了这样优秀的青年，祖国肯定会更加繁荣和富强。

——4A 方阵副总队长　张春生

在今天的训练中，我看到了这样一幕，我旁边的同学因为发烧而被送回学校，一个美院的女生顶替了她的位置受训。但时隔不久，她离开队伍，叫来了另一名女生站在这个位置。事后我们才明白，之前那个女生是新生党员，在正式安排进队伍后，她把这个机会让给了这个非党员女生。我想，这就是杜鹏飞老师所说的“有苦党员要上，有利党员要让”。这个参加国庆游行的机会是大家都梦寐以求的，她的这种先满足同学愿望的精神真的值得我们学习。

和我们一起训练的武警战士们，每天训练到很晚，早上起得很早，这种无私奉献、努力训练的精神很值得我们学习。还有那些可爱的辅导员们，他们每天要负责我们的后勤保障，有的还要参加训练，真的很辛苦，谢谢他们！

——环境系　杨柳含子

每天我醒着的时间，活动地点不外乎训练场和会议室，早 6 点半起床，晚 1 点之后方能就寝。事实上，在大兴基地，所有的老师、辅导员几乎都过着和我一样，甚至更辛苦的生活，大家都在为同一项事业毫无保留地付出。管理 600 名同学是一项浩大而琐碎的工作，我自诩为“专业”的嗓门到这里两天之后就已经完全嘶哑，几近失声。每天近百条工作短信、几十个协调电话让我训练时手机也不敢离身。第四大队的同学们没有让大家失望，在历次演练中，我们均表现优秀，成为了方阵中坚挺的腰杆子。而对于我个人来说，这种累到“崩溃”的感觉，也给了我巨大的愉悦和成就感。每天午夜，当我结束了一天的工作走回营房，听到房内同学熟睡的鼾声时，我的嘴角就会不自觉地泛起幸福的微笑。这种幸福来自一种对国家和同学的责任感，责任愈重，幸福就愈强烈！

——人文学院辅导员　金峰

第八天：一抹东方红

10 月 1 日

凌晨 0 时，行李装车，0 时 30 分装车完毕。

凌晨 1 时，紧急召开全体辅导员、车长会议，再次强调安全纪律要求。

凌晨 1 时 30 分，全体人员登车，清点人数，确定最终上场人员名单。

凌晨 2 时 30 分，登车完毕。

凌晨 3 时，第 4A 方阵集结登车出发。

凌晨 5 时，抵达嘉年华停车场。

凌晨 5 时 30 分，开始安检；6 时，完成安检。

上午 7 时，到达集结地点，形成集结队形。

上午 11 时，游行开始，第 4A 方阵按计划开始表演。

上午 12 时，全体参训人员从复兴门疏散，返回八宝山地铁站，并乘车返校；工作人员沿二环路步行至长椿街地铁站，登上 24 方阵工作车辆返校。

下午 2 时 30 分，第 4A 方阵与 24 方阵乘车返校，共计 5000 余名参加国庆群众游行的清华师生胜利会师。清华大学党委书记胡和平，党委副书记、纪委书记韩景阳，党委副书记史宗恺及各个院系领导出席了庆功大会，校党委学生部部长杜汇良主持仪式。

下午 3 时 30 分，第 4A 方阵与 24 方阵共同在紫荆园、桃李园参加庆功宴。

1 第 4A 方阵在天安门集结
2 第 4A 方阵在天安门集结完毕
3 方阵队员乘坐地铁前往天安门
4 方阵总教练王和中对同学们进行上场前的叮嘱

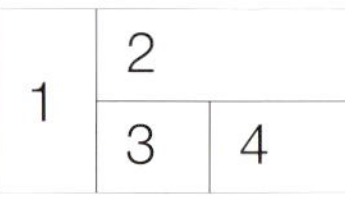

看，这一抹无与伦比的东方红!

就是这样一首家喻户晓的《东方红》，在我们每个人耳畔不断回响，潜移默化中感染着每个人的情绪。我们是如此幸运，化作这一抹东方红中淡淡的一笔；我们是如此期待，走出这一抹东方红最光鲜的时刻；我们是如此光荣，传唱这一抹东方红动人的词句。

我期待着，准备着国庆的到来。这一次我们再不是稚嫩的孩童，再不是场外的观众。我们代表着一个国家的新生力量，向更加成熟的人生时刻迈进。带着跳动的中国心，挺起骄傲的胸膛，走向民主与文明、独立与富强诞生之地，接续伟大先辈们的光荣的旗帜，挥舞出崭新的时代。

——电子系　张鑫

是的，每次当我听到敬爱的毛主席高声呼喊“中国人民站起来了”这雄浑的话语时，亢奋之情都油然而生，和着举国的欢呼声，每每热泪盈眶，心潮澎湃。我相信这血脉在每个中华儿女的心底都扎了根，并将无限延伸下去。此时的我身着朴素的服装，挥舞着代表喜悦的彩球，仿佛又回到了60年前那庄严而激动的时刻。祖国的建立是艰辛的，祖国的兴盛强大则更为困难，我们作为新一代的青年人，必须肩负起让祖国母亲傲然屹立于世界强国之林的崇高使命。这不是空话，这是让我们居安思危，不要忘记革命前辈们矢志不渝的理想：强我中华，实现共产主义。

——精仪系　刘晏池

小时候第一次到天安门时，感觉天安门跟书上画的真的是一模一样，漂亮、壮观。那时的我只是将天安门作为一处景点来欣赏，仅此而已。

可是，作为国庆游行队伍中的一员，走在长安街上，仰望天安门时，将是什么感觉？那一定会是幸福的感觉。

手举粉、橘两色彩球，脚踏《东方红》的乐点，在三千多人的方阵中，我努力做好自己的动作。我看不到整个方阵的表演，但我能感受到它所带来的震撼。当每一个人都在全神贯注地配合音乐做动作时，我在方阵中感到一种暖暖的感觉，是幸福！在幸福的氛围中，我们仔细品味着它。

——物理系　蒋楠

难忘动员会上我们震天的决心；难忘24日清晨我们疲惫却坚毅的目光；难忘训练场上我们用汗水交织出的整齐的方阵；难忘食堂里紧密却有序的就餐场景；难忘每个深夜我们在武警战士的训练乐曲里进入甜蜜的梦乡……在这之前，我曾经怕过，怕枯燥的训练燃起自己思乡的情绪，怕艰苦的生活条件让我承受不住。但当我作为排代表上观礼台看到我们震撼人心的队伍时，当我们接受各级领导的慰问与称赞时，当那句“中华人民共和国中央人民政府今天成立了”一次又一次地回响在耳边时，当28日清晨在天安门广场上演练时，一切的顾虑、担心与劳累都已消失不见。我惊叹于我们清华9字班新生与武警战士们创造的奇迹，我们所有的人都被祖国母亲紧紧地团结在一起。当我作为三千多人中的一员，手举彩球，和着音乐向前迈进的时候，我觉得无比骄傲与光荣。能够作为青年一代的代表在天安门前表达自己深深的爱国热情，又是我们这些90后多大的幸运啊！

——工物系　罗娜

八天七夜诗歌

撰稿：人文学院 马延辉 姜文倩 夏虞南 金峰

当十月一日的朝霞轻拂天安门的城墙，
当鲜艳的五星红旗劈开夜幕将尽的穹苍，
当青春在见证历史中熠熠生光，
当雄壮的国歌把新中国六十华诞寿烛点亮。
历经八天七夜的浴火磨练，
我们整齐的方阵如同涅槃的凤凰；
站在长安街上，将要迎来新时代的曙光！
曾记否，临危受命时我们无数鲜艳美好的向往；
曾记否，踊跃报名时血液里流淌的豪情万丈。
那失落的泪和欣喜的笑，
洒满了征程，也洒满了未知的远方。
拂晓之刻，迎着大兴的晨雾，
我们从这里开始书写“奋斗创业”的篇章。
三千英杰会聚一堂，红颜豪，男儿壮；
彩球虹带共翻舞，彰显新一代的青春飞扬！
正午时分，顶着密云的骄阳，
我们诠释出清华人的“行健自强”；
挥汗如雨伤何妨，步如流星英姿长。
属于我们的梦想即日启航！
听！时代的钟声业已敲响，
长安街上汇聚着举世人民的目光。
是的，我们都是“毛泽东思想”方阵的一员，
有幸可以见证民族的奇迹，祖国的辉煌！
几千年的飞天梦，几千年的国富强；
几千年的黄土谣，几千年的民安康！
如今日新月异雄风扬。
六十年峥嵘岁月，三千人治国栋梁；
共奋进莘莘学子，同书写清风华章。
谋复兴历史难忘，图强盛前途无量；
看我水木俊秀，辨物居方；
惟冀中华民族，福祚永昌！

1 国庆节清晨，方阵全体队员欢欣鼓舞，以昂扬的斗志迎接盛典的到来
2 方阵全体队员在长安街集结待命
3 方阵指挥部进行最后的工作部署
4 游行结束后方阵指挥部的老师和辅导员们在长安街边合影留念

1	2
	3
	4

感谢清华大学与武警总队在关键时刻勇于担当，在那难忘的八天七夜里，是你们，怀着祖国至上、使命为先的信念，短短24小时内组成了3279人的方阵；是你们，甘于奉献、艰难无阻，为参训人员提供了全面有力的后方支持；是你们，只争朝夕、夜以继日，6天时间内完成了超强度、超常规的全方位训练；是你们，能力卓越、素质一流，转战大兴、密云、天安门，一步一个飞跃，体现了非凡的适应力、领悟力、执行力和战斗力；是你们，临阵沉着、敢于胜利，在“十一”当天步履铿锵、精彩亮相。八天七夜，锻造出了一支光荣的“新四军”；八天七夜，清华、武警联手演绎了群众游行史上的一个奇迹；八天七夜，艰辛与辉煌将永载共和国史册！

感谢清华大学以实际行动诠释了“祖国荣誉高于一切”的铮铮誓言！感谢清华学子以高度的责任感和使命感全力拼搏，证明了你们无愧于“自强不息，厚德载物”的信条，无愧于中国最高学府的荣耀！让我们在今后的学习、工作、生活中，弘扬这八天七夜凝聚的宝贵精神财富，珍惜这八天七夜凝结的深厚情谊，共同努力用实际行动在共和国宏阔的历史画卷上继续谱写绚烂和辉煌！

首都国庆60周年群众游行第二分指挥部指挥、北京市妇联党组书记、主席

对九字班的同学来说，参加组建毛泽东思想标语方阵不仅是一项光荣的政治任务，还是一次极好的经受考验和挑战的机会。强烈的使命感和高强度的训练，可以加速培养我们所鼓励的团队精神，可以极大地锻炼我们所倡导的意志和毅力。4A方阵的出色表现，为清华赢得了荣耀，也给各位同学留下一生所难忘的记忆。这记忆会激励大家在清华未来的学习与生活中，珍视通过我们的努力而建立起来的积极向上的集体，能够有勇气面对和克服可能的困难和挫折。为了实现我们的抱负和理想，同学们加油！

清华大学党委副书记　史宗恺

在这八天七夜的特殊战斗中，清华大学师生和武警总队官兵自觉服从服务大局，加班加点刻苦训练，体现出了坚定的政治信念和强烈的爱国热情，创造了庆典活动的新奇迹，展示了警地协作的新风采，回报了市委市政府和首都人民对我们的高度信任。

武警北京市总队副政委　李林

作 品 名：《国庆印象》

作　　者：徐志海

单　　位：清华大学美术学院绘画系 2009 级新生

作品简介：本作品以奔放的笔触表达了第 4A 方阵通过天安门那一瞬间清华学子内心的激动。运用比较厚的画法和整体的暖色调，烘托出天安门的庄严和国庆的喜庆。

作 品 名：《出发》
作　　者：程语轩
单　　位：清华大学美术学院绘画系 2009 级新生
作品简介：国庆阅兵前紧张排练的第 4A 方阵成员，每位参与者都打起精神、认真准备，生怕有一丝错误。图中这位方阵队员忙碌着检查鞋带，反映出大家在盛典之前紧张而又兴奋的心情。

作 品 名：《鹰击长空》
作　　者：王 乔
单　　位：清华大学美术学院绘画系 2009 级新生
作品简介：当第 4A 方阵集结准备出场时，天安门上空划过了空军飞行仪仗队机群的身影。这些翱翔蓝天的雄鹰，不仅代表了新中国成立 60 年来科技强军的成就，也喻意着中国正以飞翔的速度奔向前方。

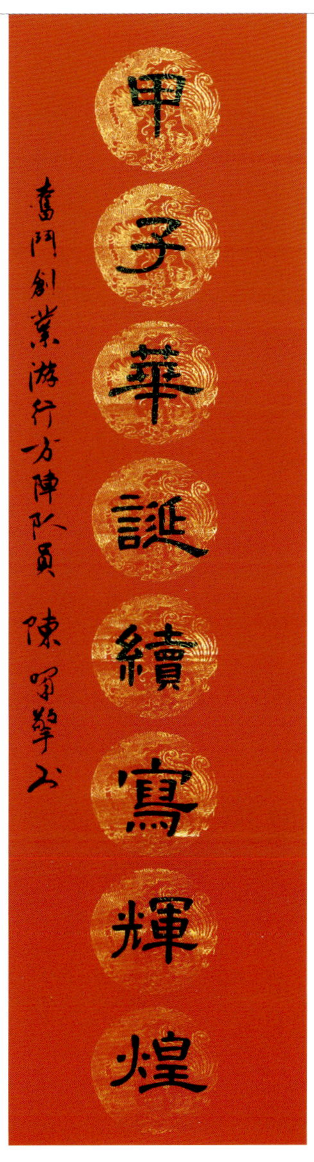

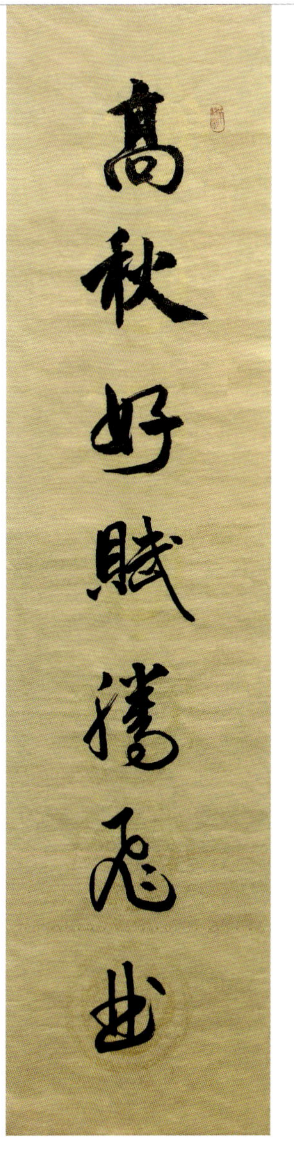

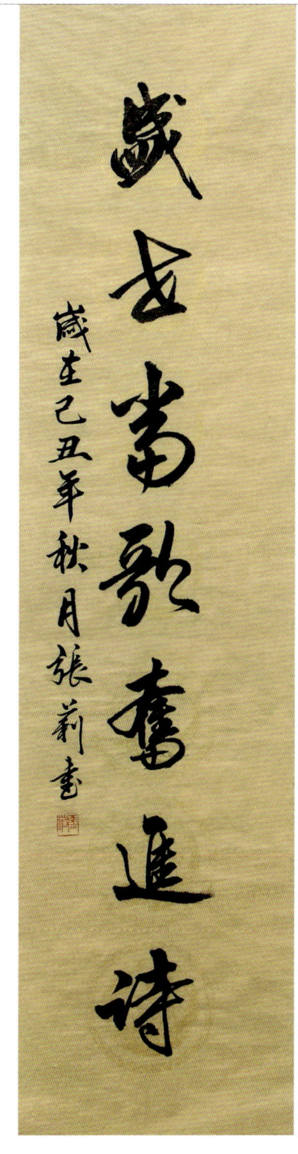

作　　者：陈啸擎

单　　位：清华大学精仪系 2009 级精 92 班

作品简介：在清华大学百年校庆即将来临之际，也迎来了伟大祖国的 60 岁生日。我们九字班在国庆前夕，有幸接受了北京市组建 4A 方阵参加游行的紧急任务。八天七夜，艰难困苦，玉汝于成，不辱使命。愿以此篇章，祝福祖国华诞，续写清华辉煌！

作　　者：张 莉

单　　位：清华大学建筑学院 2009 级新生

作品简介：“高秋好赋腾飞曲。” 六十载砥砺，六十载辉煌，六十载风雨兼程，六十载薪火相传。金秋十月，天朗气清，天安门前激越的鼓点、齐整的脚步、震耳的欢呼声交织成中国这条巨龙腾飞于世的高亢进行曲。“盛世当歌奋进诗。” 长安街上的游行队伍，笑靥中透出新一代青年人奋发向上蓬勃的朝气，目光中盈满成才报国坚定的信心。有幸生在 “汉唐以来未只有也” 的盛世，莘莘学子更应高颂奋进之诗，接过祖国的希望、人民的重托，建功立业、成才报国！

叁

盛世欢歌

第三篇　盛世欢歌

- 广场合唱

我们走到一起来

——清华大学广场合唱团

我们走到一起来，为了同一个梦想；
我们走到一起来，拥抱同一个希望。
二十多个院系凝聚一堂，
五十八个清华人引吭高唱；
高唱新中国六十华诞，
高唱我们共同开启新的篇章！

没有专业的训练，没有优厚的天赋，
自强不息是我们的精神，
严谨求实是我们的态度。
当我们挺拔地站在天安门城楼前，
当万众的焦点聚集在我们身上，
当耀目的聚光灯闪耀在我们周围，
我们用热情唱出对祖国的祝福，
我们用认真唱出颗颗赤子之心……

我们感怀每一点滴，我们纪念每一时刻。
我们愿用六十多天来的辛苦汗水，
凝结十月一日那天灿烂的一瞬；
我们愿用自己真挚的歌声，
谱写成清华人在祖国、在世界面前最强、最响的音符！

汗水 · 足迹

阶段三：校外大合练

8 月 9 日至 8 月 10 日，2500 名合唱队员到北京吉利大学进行全体合练，随后又在阅兵村与军乐团的战士们、民族打击乐团的同学们进行了多达十几次的合练。面对酷热的天气、蚊虫的叮咬，同学们承受着身体素质和意志品质的极大考验。大家共同发扬不怕苦的精神，时刻以清华人的标准严格要求自己，合唱队员们多次受到总指挥和有关领导的肯定。

“每次合练都是一种体力上的煎熬。坚持对于我们比激情更重要。”

——建筑学院　曹建勋

阶段一：校内集训

7 月 31 日至 8 月 2 日，清华大学广场合唱团进行了为期三天的校内集训，同学们分高低两个声部迅速掌握了 14 首演唱曲目。这对于绝大多数都是非演唱专业的同学们来说，确实是非常可喜的成果。

“我们抓紧一切时间学习，几乎都是从早唱到晚。在王金峰老师充满激情的专业指导和两位声部长魏怡真、李梦然学姐的认真带领下，我们不仅掌握了曲目，还共同分享着美妙音乐带来的快乐。”

——电机系　张天

阶段二：北航小合练

8 月 3 日至 8 月 6 日，广场合唱团赴北航和“第二分部”其他学校的同学一起合练。体育馆里闷热不通风，同学们仍在合练中拿出了认真的态度和相当高的水平，用心唱好每一首歌，向兄弟学校的同学们展示着清华的风采。

“在各学校的单独汇报中，大家以一首《江山》赢得了整个体育馆中雷鸣般的喝彩和掌声。当时真为作为一名清华学子由衷地感到骄傲。”

——人文学院　张铭丰

“嗓子的超负荷，站立几个小时的疲惫，学业的压力……有时真让我透不过气。然而每次只要想到‘清华’两个字，就似乎有种力量支持我坚持下去。”

——法学院　高昕怡

阶段四：天安门大彩排

8 月 29 日、9 月 6 日、9 月 18 日凌晨，广场合唱团的同学们来到天安门广场分别和游行方阵进行国庆 60 周年群众游行的专项演练，并与阅兵方阵及各色坦克炮弹方阵进行了整体合练。广场合唱团的同学们经受住了长期站立的考验，经受住了夜间困倦和寒冷的考验，看着一个个游行队伍在我们的歌声中走过天安门的时候，同学们都情不自禁地放出最嘹亮的歌声来表达激动的心情。

“去天安门演练的日子终于到来了，那真是一个不眠之夜，8 月 28 日的晚上我激动得一夜没合眼。”

——精仪系　李金峰

“我和周围的同学都激动得把歌喉音量放到最大，高涨的情绪一直持续到彩排结束。虽然第二天嘴角就起了几个泡泡，喉咙也有些干痛，我还是无怨无悔，沉浸于合唱团的快乐中。”

——建筑学院　吴道彪

“看着眼前经过的一批批现代化军事装备和展示祖国辉煌成就的彩车，我心中自豪感油然而生，激动的泪水不经意间润湿了眼眶。”

——化工系　徐克

1		4
	2	5
	3	6

1　校内业务训练
2　北航排练间歇
3　指挥王金峰老师
4　合唱团在吉利大学排练
5　与张海峰副总指挥合影
6　第一次广场彩排合影

相逢 · 珍惜

其乐融融生日会

“Vi Va Vi Va La Musica”此起彼伏，音韵叠加，耳际感觉到和弦的振鸣，心中体会着合唱的魅力。8 月 2 日是合唱团的同学们在学校集训的最后一天，当晚，王金峰老师并没排国庆曲目，而是教同学们和弦曲，以此体验和弦的美感。正唱得陶醉，一个 18 吋的生日蛋糕突然出现——袁园和任艺林推着它从教室门口进来，蛋糕上插着点燃的小蜡烛。原来 7 月底到 8 月底有三位同学过生日，今晚就以排练为名，行 Party 之实了。电灯关掉，和弦转换成生日歌。多么温馨的一幕呀！

“看着赵岑老师拿出四个相框，送给过生日的我们和王老师，相框里展示着我们排练中的精彩瞬间，真是又惊喜又感动。”

——美术学院　周　拓

“合唱团的同学多才多艺，生日会当天，合唱队的魏怡真独唱一曲《西班牙的美丽女郎》，王金峰老师伴奏。魏怡真声情并茂，王老师琴音流畅，欣赏此情此景，直让人感叹音乐之美。徐克表演了一段绕口令，周拓献上了扑克牌魔术。可怜的梁晗被赵岑老师‘点将’穿着拖鞋和国标队的夏雯丽跳舞，大家笑声不断。这里就是我们的温暖的家。”

——新闻学院　陈轩棋

体能训练

为了应对国庆当天我们要保持站立四五个小时，合唱团自发组织了体能训练。在每天专业训练结束之后，虽然大家已经倍感疲惫，但同学们又马上进入体能训练中，游泳、跑步交替练习。体能训练的计划井井有条，强度与内容有效结合，大家的身体素质在短短两个月里有了明显的提高。甚至成立了体育兴趣小组，分为羽毛球、乒乓球、篮球等，丰富了大家的运动需求。合唱团用行动证明着那句誓言：清华人，一个也不能倒下！

感恩 · 铭记

领导老师亲切慰问

学校的老师领导无时无刻不牵挂着广场合唱团的同学们。校党委副书记史宗恺老师多次在会议上表扬广场合唱团的同学们；校团委书记过勇老师在 8 月 27 日那天参加了广场合唱的党支部会议，也亲自前来对同学们进行了慰问。

“广场合唱方阵是最重要的方阵之一，是站得最久的方阵之一，也是训练最辛苦的方阵之一。同学们辛苦了！”

——校党委副书记史宗恺

“多少次，我们即将外出排练，丰富的晚餐就已经发到我们手中；多少次，我们从外面排练回来，已经分好的水果、零食早就等在我们的车前……为了我们，学校食堂、洗澡的时间都尽量与我们演练的时间配合……是学校老师领导们为我们细心安排着，营造了一个周到无虞的生活，也让我们无时无刻不感动着、感激着……”

——新闻学院　李莹

紫荆操场，清华人胜利会师

10 月 1 日，下午 2 点 10 分，在会师仪式开始前的一刻，广场合唱团的同学们也穿着火红的表演服装归来了。他们的出现引得全场师生欢呼起来。仪式在国歌声中开始，在《歌唱祖国》后结束。校党委书记胡和平老师，校党委副书记韩景阳老师、史宗恺老师与这数千名参加国庆庆典的师生共庆。

“那样的场面真是太激动人心了！我真的不能自已！”

——热能系　王祖元

“那真是如同荣归的英雄般得到了大家的热烈欢迎。站在主席台下最前排，面对其他同学的热情，我们都不好意思了。”

——新闻学院　胡瑶

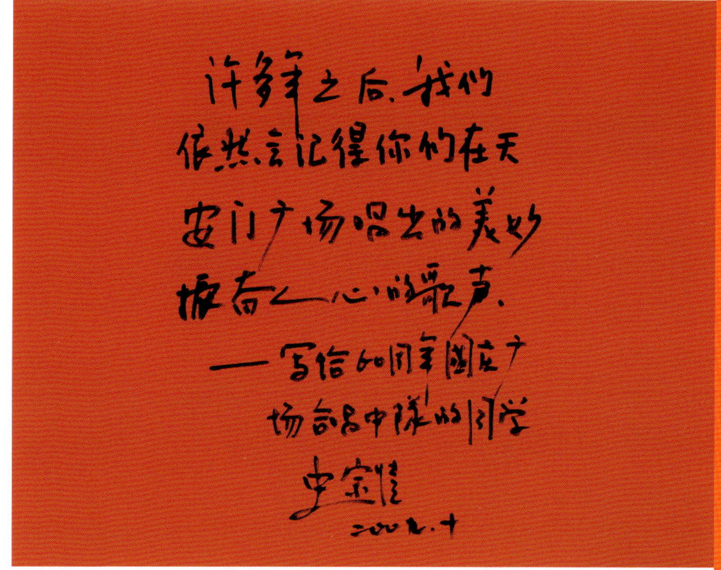

许多年之后，我们
依然会记得你们在天
安门广场唱出的美妙
振奋人心的歌声。
——写给60周年国庆广
场合唱中队的同学
史宗恺

	1	4
2	3	5
		6

1 温馨生日会
2 体能训练集合
3 体能训练集体跑步
4 校党委副书记史宗恺的寄语
5 校党委副书记史宗恺在广场战前动员
6 校团委书记过勇参加广场合唱团党支部生活

我们的展板

幕后保障工作

分发食物

奉献 · 点滴

在合唱团里，活跃着这样一支工作团队——广场合唱团工作组，下设业务、后勤、文体、宣传、内联、安保等工作岗位。他们默默无闻，奉献着自己的点点滴滴，不仅完成了常规性组织工作，还创造性地开展体能训练、制作宣传展板、出版纪念文集，等等。这是其他高校所没有的。

“集训前两天，从早到晚连轴转。不用排练的时候，我连说话都提不起精神，只想好好休息。可我看到工作组的同学们平时跟大家一起参加排练，只能在休息时间着手工作和服务，没有抱怨，没有懈怠，默默付出。最简单的发通知，就需要通过飞信、短信、电话等各种方式反复确认；录入信息要多次审核和修改；收贴照片的机械动作一忙就得一上午；同学们即兴发挥的晚会，工作人员却需要提前想好环节、准备物品；乃至大家排练期间的衣食住行，都离不开工作人员的具体行动。”

——人文学院　杜函芮

“简单事，重复做，做好不简单。内联、外联、业务、宣传、后勤……许多看似琐碎的小事，其实每件都要精心去做，筹划、安排、实施，哪个环节疏忽了，事情就完成不了。凡事不做则已，做就全力以赴，这是所有清华人的精神。我们要以此践行‘国庆演员二次方’的责任。”

——汽车系　王子腾

亲历国庆，我三次流泪

我们就站在天安门对面，联合军乐队的后面，见证了阅兵的整个过程。令我自己也没想到的是整个过程中，眼泪着实哗啦留下来就有三次，还有无数次激动时的哽咽和含泪。这三次流泪一定要记录下来。

第一次流泪是在飞行表演刚刚开始时。这是我们以前多次演练都没有见过的。看着我们的空军在头顶呼啸而过，我想起了前段时间看过的《南京！南京！》。那时，我们的中国那么软弱无力，民族面临灭亡的恐惧，遭受着侵略者的蹂躏。现在我们有如此强大的军队，那一架架轰隆而过的空军战斗机仿佛是在向世人宣告：中国如今可以战胜任何侵略。想到这里时我一边用力地鼓掌欢呼；一边任由泪水哗哗泪下。此刻我才深刻地感受到内心深处对祖国那根深蒂固的爱，对祖国强大而无法言表的自豪。

第二次流泪是在科学发展方阵走过的时候。当时我们合唱团高唱《江山》："老百姓是地，老百姓是天，老百姓是共产党永远的挂念……"这首歌在我刚加入合唱团就一听倾心，其后每次排练唱到它我内心都会被震颤。没想到正式上演它时我激动地哭了，脑海里一边想着和谐社会、把中国建设成果共享于民的理念，一边用几乎变声了的音调高唱"老百姓是山，老百姓是海，老百姓是共产党生命的源泉"。我想这次歌唱肯定不是我最好的表演，因为我自己都能听见因为哭泣而变调的声音，但是我又觉得这次却是最完美的演绎，因为那份真挚的感动和认同。

第三次流泪是在教育发展方阵中找到清华校旗时。想起清华人在这次国庆庆典中5000多师生的参与，还有后方无数为这次庆典默默加班加点工作的教职员工们，清华的荣誉需要我们一代又一代的人努力去创造和续写，作为年轻人我们总是享受着清华的前辈为我们争创下的至高荣誉，如今是我们为亲爱的母校贡献些许力量的时代了。感谢清华方阵中奋力摇动清华大学校旗的那位无名英雄，还有无数为了这次我校形象宣传尽全力的后方同仁……

值得叙述的内容实在太多，还有那无数次让我哽咽的瞬间。虽然昨天回家时感觉脚都有点走不动了，但是心中那份满足、精神上那份自豪却足以把任何身体上的疲惫一扫而光。

——校团委　詹逸思

这里是战斗堡垒

建筑学院　　厉基巍

第一次党支部生活，时间：2009.8.13

合唱团的各位党员同学讲述了参加本次活动的初衷，从中可以看出，朴素的爱国热情深深根植于每一个人心中。而随着讨论的深入，本次国庆活动的重要意义、我们有幸参与其中的责任与使命等渐次清晰。最后，赵岑老师为大家提炼并总结了“见证”、“亲历”的关键词，成为日后大家坚定信心、热情高涨地投入合唱工作的源动力。关于本次合唱工作中党支部如何发挥战斗堡垒作用、党员如何发挥先进性，大家认识到“先进”并不意味党员的个人能力一定要比别人强，而是要时刻关注这个集体，积极主动地为其出谋划策。

第二次党支部生活，时间：2009.8.27

本次支部生活为小组讨论，讨论的题目是“新中国成立60年：当代青年的责任”，党员同学4～5人一组，可在这一主题下自由发挥，限定关键词。有的组将题目设定为“新中国成立60年：当代清华人的责任”，讲述了合练过程中清华学子表现出的高度的政治素质和组织性、纪律性；列举了实际生活中清华人如何践行“自强不息，厚德载物”，如何理解“我的事业在中国”，如何“到祖国最需要的地方去”。经过讨论，同学们坚定了以老清华人为榜样，圆满完成国庆合唱任务，将来投身祖国建设大潮之中的决心。

思想小结

思想政治素质是国庆合唱获得成功的根基——广场合唱不同于其他群众游行队伍，它是用声音和表情塑造庆典的艺术形式，而只有把真感情融入到气息、音色和表情之中，才能把60年大庆这一举国同庆、世界瞩目的盛典演绎出来。在这一点上，思想政治素质是基础，只有对国庆工作的重要意义有清晰的认识，满怀对我们伟大祖国的热爱和高度的责任感，歌声才能从心灵深处喷薄而出。

将党建工作做到日常排练之中去——党支部生活的次数毕竟有限，但党员人数占合唱团的一半以上。面对这一客观条件，党支部鼓励党员同学积极参加合唱团的各项工作，把党员的先进性做到全心全意为同学服务中去，形成良好的群众基础；同时，积极拓宽宣传渠道，将党支部生活的重要共识广泛宣传给全体团员。通过这种模式，增强了临时党支部的核心凝聚力，扩大了党建工作的覆盖面和宣传力度，也提高了党建工作的影响力和效率。

临时党支部举行组织生活会

献歌祖国

公管学院　　陈开霖

五千年的风雨你曾走过，
一百年的苦难你曾经过，
你就像那浴火的凤凰，
在战火中重生，在苦难中复活，
在憧憬中蓬勃！
你就是我心爱的中国，
我全心全意爱着的中国！

六十年沧桑一晃而过，
六十年创业气吞山河；
六十年建设波澜壮阔，
六十年故事激荡心窝。
在通往理想生活与美好未来的征途上，
你有成功也有挫折，有喜悦也有泪花，
有汗水更有收获！
你就是我心爱的中国，
我全心全意爱着的中国！

我爱你，中国！
苍天无法忘记你的厚重，
大地无法忘记你的诉说。
先烈们的鲜血，凝成了这盛放的繁花；
英雄们的汗水，浇出了这灿烂的硕果。
翻开历史教科书，
从来，就没有一个时代这么辉煌过！
这就是我心爱的中国，
我全心全意爱着的盛世中国！

今天是你的生日，我的中国！
我们在天安门广场为你高歌，
歌唱这如花的岁月，
歌唱这似锦的生活，
歌唱这久盼的良辰，
歌唱这难忘的欢乐。
此时此刻，我想对你说，
我爱你，中国，我心爱的中国，
我全心全意爱着的盛世中国！
今天我们是历史的亲历者与见证人，
明天我们一定会是国家的接班人与建设者！

队员们在队内演唱考核中分组展示

后　记

总是有很多想说的
总是一提起笔
思绪就回到那一天
一丝微笑，一份感激

两个月的辛劳，成就短短三小时的荣誉
两个月的心绪，化作长长一辈子的记忆

实话说来
当我们最初走进这个集体
有的是一点点虚荣
有的是一点点怀疑
实话说来
当我们面对如此繁重的任务
心里是一点点怯懦
还曾想一点点逃避

但，我们不是一个人在战斗
犹记得两个声部的第一次合练
就是那一个《春天的故事》
就是那一阵和谐的春风
吹绿了我们躁动不安的心
仿佛已经被感动
仿佛已经流下泪滴

一次次排练
一次次洗礼
一次次路途上没有抱怨的声音
一次次疲惫
一次次小憩
一次次奔波只为祖国母亲献礼

十一的太阳缓缓升起
神圣的光辉普照大地
我们代表清华承诺
莘莘学子 自强不息
合唱任务的圆满完成
靠的是《"我" 和 "你"》

愿社会各界谐共进
愿祖国母亲《走向复兴》

感谢这次机遇
感谢我们平淡的生活有了灿烂的交集
广场合唱——我们共同的名字
唱响清华——我们共同的座右铭
感谢你，还有你，还有你
这个集体让我懂得了清华精神的真谛
对组织多一份承担
对自己多一份放弃

耳畔，你们的话语声悄然响起
曾经，我们的歌声飞入天际
同一张笑脸
同一份感激

中华人民共和国万岁
团结万岁

● 广场联欢

舞动青春

——因为我们代表中国

峥嵘甲子，红色欢歌。交织着光荣与梦想，新中国走过 60 年的光辉历程，走在中国特色社会主义现代化建设的康庄大道上。六十载的风雨征程，六十载的辉煌成就，宣告着中华民族的沧桑巨变与伟大复兴，承载着华夏儿女的深切祝福与热情期盼。

10 月 1 日晚上，在庄严的天安门广场，欢声阵阵、曼舞翩翩，来自清华的 40 名同学站在大学生联欢队伍的最前端，饱满的热情、整齐的动作，代表全体清华师生，向党和人民、向世界各国人民传递出清华人的无上喜悦，喊出中国青年的共同心声：祖国你好，青春万岁！

舞出青春的旋律

零基础，特刻苦

被这样一种力量所牵引，被这样一种精神所感召，被这样一种使命所激励，追求卓越，练好舞蹈，出色完成任务。因为我们知道，这是清华人义不容辞的担当。

"训练虽然很累，但是大家脸上都洋溢着笑容。在这个队伍里，国庆联欢对于大家都是头等大事，这就是每个儿女对祖国母亲的爱的最好的表现。态度决定一切，在这个时候，一切困难都可以克服，一切付出都是值得的。"

——电子系　尚生峰

"在北京夏天最热时候的高强度训练中，有同学身体出现不良反应，同学们都咬牙做到不掉队，始终保持了高强度的训练。"

——自动化系　赵博弘

一天一支舞，辛苦更刻苦

40 名同学克服各种困难，放弃休息时间，从 8 月 10 日起，以每天 5 小时的大强度集训，用与舞蹈特长生相等的速度，在不到 10 天的时间里完成了 6 支集体舞、手语舞蹈及其他相关动作的学习，确保了整个排练的进度。

难忘一天天挥汗如雨的训练，初时杂乱的动作渐渐地变成整齐而曼妙的舞姿；
难忘一次次合练，大家唱啊跳啊，喊哑了喉咙、拍麻了手掌，但我们笑容不改
难忘综体台上，一丝不苟的比划，无声的手语是我们最响亮的口号。

—— 医学院　黄娴

1	2	3	
	4	5	

1 联欢方阵在校内工会俱乐部训练
2 联欢方阵在校内工会俱乐部训练
3 联欢方阵在校内东大操场合练
4 联欢方阵五十所高校在北京语言大学合练
5 联欢方阵五十所高校在北京语言大学合练

舞出深厚的情谊

深切关怀　鼓舞人心

2009 年 9 月 26 日，校党委副书记史宗恺、党委学生部部长杜汇良、校团委书记过勇来到同学们中间，带来了亲切的慰问和殷切的希望，给了同学们极大的鼓舞。

还记得校领导们的关怀，记得他们带给我们激励的话语。他们也参加过先前的国庆庆典，时空的交错，时间不同，感动相同，同样为了祖国的强大而感动，为了我们能生活在这样一个好时代，能够分享和平的好时代而感动，更为将要贡献力量建设祖国而感动。希望这份感动常在。

——数学系　周源

“严、精、细、慈”的清华“教”派

我没有什么舞蹈天赋，常常跳得很不到位。我最怕的事情就是，邢老师犀利的眼神停留在我身上。因为这就意味着我没跳好，就得在众目睽睽下单练。邢老师鼓励我要坚持，动作不到位，就一遍又一遍地耐心教我；没乐感，就不厌其烦地反复教我怎么听。在多次反复的加练下，在大家的无私帮助下，我开窍了，我进步了，终于能跟上大家了，终于可以在天安门广场以舞蹈的方式为我们伟大祖国祝福了。

——法学院　林文义

1			5
2	3	4	

1 校党委副书记史宗恺与参演同学进行交流
2 小教员的悉心指导
3 舞蹈老师耐心地指导
4 舞蹈老师细致地指导
5 学校领导与联欢方阵参演人员合影

舞出深厚的情谊

最可爱的人

在舞蹈的排练中，有这样几个同学起着特殊的重要作用。刘文君和田浩作为舞蹈方阵的小教员，由于教学速度特别快，不少动作仍未最终确定，因此他们对于动作也存在一些生疏，只能根据光盘内容临时学习，现学现教。除了和大家共同训练的 5 小时，他们每天还需要花 3 个多小时的时间进行备课。

后来的教学中，赵文龙和吴丽妍同学也加入了学生教员的行列。他们兢兢业业，一丝不苟，对每一个动作、每一处细节都严格要求，并牺牲休息时间为基础不好的同学挨个“开小灶”。

他们在联欢方阵的排练中发挥了重要的作用，得到了同学的一致好评，他们被称为我们中间最可爱的人。

舞出青春的活力

我们都是一家人

从陌生到熟悉，从集合到集体，我们是一家人，是充满凝聚力、战斗力的一家人。

——核研院　周洁婷

这是个可爱的集体，可爱的老师、辅导员、小教员们，大家一起组织生活，一起联欢，一起打羽毛球。临时党支部组织的活动让大家一天一天变得亲密起来，真的很令人称赞。

——自动化系　王婧文

有这样一群人，他们来自三十多个不同的院系，但他们却彼此熟悉，友善友爱；有这样一群人，他们中间有八字班的小弟小妹，也有二字班的大哥大姐，但他们却其乐融融，无话不谈。

——软件学院　田浩

舞出青春的活力

在这样隆重的活动中，在这样乐观的团队内，永远不会缺少的是收获。在这里，我认识了许许多多不同院系、不同年级的朋友，每个人都在分享着自己和别人的喜悦。

——法学院　章文来

1	2	3
		4

1 在北京语言大学合练后的合影
2 训练之余的娱乐活动
3 训练之余的娱乐活动
4 参演队员（右）向舞蹈老师邢高熙（左）赠送合影

舞出赤诚的爱恋

爱我中华

舞动的红色丝绸、闪烁的点点灯光、壮丽的漫天烟火、欢快的集体舞蹈、震耳欲聋的欢呼喝彩让整个天安门广场和长安街沉浸在一片激情似火的浓烈氛围中，仿佛一片热烈和谐的流动海洋。同学们精神饱满、激情澎湃，青春的朝气洋溢在每个人的笑脸上。同学们挥灯喝彩，欢呼雀跃，从心底喊出我们共同的心声——讴歌中国，祝福中国，愿我们的伟大祖国再创繁荣盛世，续写和谐新篇！

能够参加广场联欢，我们是幸福的。当我凝视着城楼，耳畔回响着一首首歌颂祖国的歌曲，我突然前所未有地强烈感受到，我是祖国母亲的孩子，我对她是如此地依恋，那依恋是一种无比的幸福。

今天我们为祖国庆贺生日，到了明天，我们就会是一群“自豪的建设者”。且看，他日吾侪尽风流！

——电机系　张璐

1	3	4
2	5	

1 联欢方阵在天安门广场的合影
2 整装待发
3 联欢方阵在天安门广场
4 联欢方阵在天安门广场演出
5 联欢方阵在天安门广场的合影

舞出赤诚的爱恋

复兴之路

● 复兴之路

大型音乐舞蹈史诗《复兴之路》

为庆祝中华人民共和国成立 60 周年而作

是 13 亿中华儿女献给祖国生日的礼物

中华人民共和国 60 华诞之际

在人民大会堂隆重上演

全剧以历史时间为线索

生动再现了自 1840 年鸦片战争以来

中华民族 169 年走过的极其艰难、悲壮、充满着理想

主义与英雄主义色彩

在人类历史上罕见的民族复兴之路

清华大学学生艺术团 109 位师生

有幸参加了此次排演工作

他们满怀着一腔爱国奉献的热忱

在人民大会堂尽情挥洒激情与汗水

为《复兴之路》的成功上演贡献了自己的力量

在国庆 60 周年的华彩乐章中

谱写出绚丽而辉煌的一笔

立报国之志

走复兴之路

1 校党委副书记韩景阳、校党委学生工作部部长杜汇良与《复兴之路》清华大学参演师生于 2009 年 9 月 19 日在人民大会堂举行誓师大会
2 清华大学学生艺术团舞蹈队演绎剧目《打工谣》
3 清华大学学生艺术团合唱队与宋祖英演唱歌曲《大漠深处》
4 张继钢总导演指导清华大学参演同学排练
5 清华大学参演同学于候场期间在人民大会堂学习
6 清华大学参演师生参加国庆系列活动表彰大会，受到党和国家领导人接见
7 清华大学参演同学于每天演出前化妆准备

1		4	5
2	3	6	7

生当其时——历史选择了我们

工物系　韩朱旸　舞蹈队队员

伟大的时代要有伟大的创造。《复兴之路》是我国文艺战线上的又一巅峰之作，是亿万炎黄子孙献给祖国的生日礼物，承载着代代中华儿女对祖国的热爱。《复兴之路》以历史为线索，生动再现了鸦片战争以来，中华民族所走过的极其艰难、悲壮、充满理想主义与英雄主义色彩的复兴之路。一百多年来中华民族的沉沦与抗争，无数仁人志士对真理的探究与求索，千百万华夏儿女对美好幸福的追寻与渴望，都在这里绚烂绽放，都在这一刻激情迸发。民族不屈的精神，几千年文明的深厚积淀，都在我们的血液中熔炼了深深的烙印。

伟大的创造来源于伟大的人民。能够参加《复兴之路》的排演工作，是十分荣幸的。1964 年，100 名清华合唱队的同学，在周恩来总理的亲自组织下，受邀参加了《东方红》的排演工作。45 年后的今天，100 名清华合唱队、舞蹈队的同学，再次集体站在人民大会堂的舞台上。这一刻，我们仿佛见证了几十年岁月的变迁，也终于能够沿着前辈们的足迹，肩负起当代青年的使命和责任。

还记得在节目审查的时候，张继钢总导演和我们每一个同学握手，对我们说，"13 亿人民在期盼着你们。这个暑假，谁也不许回家"；还记得在正式演出前的誓师大会上，同学们那句"立报国之志，走复兴之路"的豪迈誓言；还记得同学们一次又一次利用排练间隙时间，在人民大会堂人大代表坐席间奋笔疾书的场景；还记得同学们一次又一次披星戴月，从喧嚣鼎沸的人民大会堂返回沉睡中的清华园……短短几个月的时光，却在我们的青春中铸就了不可磨灭的印记。

这，就是《复兴之路》中的我们。

记得最后一场演出结束的时候，张继钢总导演对我们说，"你们生当其时，你们见证了伟大的时代"。是的，曾有几千名清华学子，满怀着一腔爱国奉献的热忱，在国庆六十周年的华彩乐章中谱写出绚丽而辉煌的一笔。

2009 年 10 月 6 日，胡锦涛总书记和其他中央领导人在人民大会堂国宴厅亲切接见了我们。总书记沿着长长的队列前进，一边走一边和大家握手，一直走到我们的面前停下。我们说，"清华学子向总书记问好"。总书记对我们说，"同学们辛苦了"。我想，其实对于我们来说，国庆的活动不仅饱含着辛勤的汗水，更是一种历练，一种精神的洗礼，一座人生道路上走向成熟的里程碑，一座矗立在我们灵魂深处的纪念碑。

伟大的时代要有伟大的创造，伟大的创造开创伟大的时代。我们所经历的，是别人所无法经历的、值得永远铭记在心灵深处的一种绚丽；我们所完成的，是别人所无法完成的、值得永远镌刻在历史长河中的一种平凡。

我们生当其时，因为我们满怀着自强不息的铮铮傲骨；

我们生当其时，因为我们承载着亿万人民寄予的殷切期望；

我们生当其时，因为我们肩负着民族复兴的神圣使命；

我们生当其时，因为我们必将实现我们对祖国许下的诺言！

1《复兴之路》第二章节"热血赋"剧照
2《复兴之路》第一章节"山河祭"剧照
3《复兴之路》第二章节"热血赋"剧照

走在路上的复兴

经管学院　查迪　合唱队队员

“为什么我的眼里常含泪水？因为我对这土地爱得深沉。”

“盘古开天，三皇拓土。五千春秋，文明尽数。……”古代四大文明之一的华夏文明，曾经闪耀着永不泯灭的光辉。然而美妙的光环过后，竟是那中国近代史上道不尽的屈辱。当无数不平等条约的电子卷轴从楼梯上部飞腾而下时，台下那死一般的寂静似乎在尝试着回忆，回忆那难以启齿的伤痛。揭开疮疤，踹碎那“东亚病夫”的牌匾，我们挺起胸膛，我们挣开锁链，我们迈出了这复兴路上的第一步。

赤脚走在这复兴之路上，猛然抬头，发觉前方密布的荆棘丛中闪着微光。马列主义思想的火把，照亮了前程。“野菜充饥志越坚，革命理想高于天”，两万五千里路上留下的是复兴道路上的红色足印；“不驱除日寇，何以为人”，吼出了中华男儿的血气，道出了压抑已久的国人豪迈！当百万雄师强渡长江攻占南京总统府，当全场高呼“中华人民共和国”，掌声伴着夺眶不止的泪水浸润了每个中国人的心。在那一刻，我们找到了被深埋已久的复兴之路。

刚踏上复兴的我们，意气风发，热血满腔。大炼钢铁，两弹一星，展示出了中国人特有的坚忍与执著。大漠深处，无名英雄骨埋黄沙；普通岗位，革命精神力压困苦。无论是钱三强等科研功勋，还是王进喜等时代偶像，都在历史长河中散发着独特魅力。“向雷锋同志学习，为人民服务”，我们好似又回到了那纯真的年代。而改革开放的春风继续调正航线，带领中国走进新的纪元。

改革开放三十年，我们经历风霜雨雪，我们收获赞许目光；我们共同抗击洪涝、地震，我们一道举办奥运、世博。我们守候尘封的记忆，我们满怀无限的希望。卅载沧桑巨变，是中国人重拾的自信，换来西方对中华民族的重新审视。

走在复兴之路上，我们看了一出长篇历史话剧，更亲身经历了长达169年的变革。三个多月的排演，我们将泪水与汗水混在一起。这泪是感动，是欢笑，是委屈；这汗是辛劳，是奉献，是博爱。能在新中国六十华诞之年奉出亲身演绎的礼物，是无上的光荣与幸福。“祖国终将选择那些选择了祖国的人”。我们永远要记得，在我们的每寸肌肤，每方肌肉，每块骨骼，每滴鲜血上都留着红红的中国印，我们是堂堂的中国人！

我们是优秀的中华儿女，是英雄的中华儿女。我们要挽起臂膀，不惧风浪，走向复兴！

		3
1	2	

走向复兴

在短短十几天的时间里，我们便完成了三十几首曲目的排练。在紧张而繁忙的排练过程中，我们逐渐领略到作品的美妙。《我的家园》，柔美而真挚；《旗帜》、《复兴之路》，让我们见证了中华民族百余年来深沉、悲壮而又豪迈的复兴之路；我们仿佛看到中华民族艰难而又稳健的脚步，一步一步走向伟大的崛起；而《纪念碑》则让我们将这一影像深深地印在脑海里，如人民英雄纪念碑上的浮雕一样，在我们心中永远铭刻；"为什么我的眼里常含泪水，因为我对这土地爱得深沉"，这便是我们在《致祖国》中对祖国母亲饱含深情的歌唱。我们每一位清华合唱队成员对于祖国的深深情意，便融入了这一次次的演唱、一个个的音符之中。

我们兴奋于在排练中所得到的心灵震撼。从《序》到《山河祭》到《热血赋》到《创业图》再到《大潮曲》再到《中华颂》，每一个章节每一个节目每一个细节都让我们感动。我们不得不感动，北京军区卫戍部队六团的战士，一个个活生生的躯体，在整张密不透气牛皮纸下进行数十分钟表演；一个个内心刚强的战士，却有如猛虎细嗅蔷薇，一个个标准的动作下面展示的却是无穷的艺术魅力。我们不得不感动，赋诵《山河祭》中，朗诵家一声声慷慨激切地陈词；我们不得不感动，《为了母亲》中舞蹈家们一次次深情悲切地跺脚呐喊；我们不得不感动，《大漠深处》中表现出的科学家们为强我中华而做出辛勤努力。我哭了，因为我看到《不可战胜》中，一个个战士不惜用自己的身躯堵住 1998 年的洪水，他们一次次沙袋的传递，是人民英雄抗击洪水中一个个英勇顽强的再现。我哭了，因为我听到那一声从汶川特大地震中传来的《呼唤》。这一声呼唤，是灾难来临时人们的牵挂，它牵出了人们的泪啊。地底下的人，你可听到："我在呼唤你，一声低，一声高。即使你远离生的希望，我也要将你拥抱。"多难兴邦啊，为什么灾难来得总是那么突然。我只能落泪，又怎能不动容！

一次次的排练，一次次的感动、流泪。我们深深地领悟到：这一次次的排练，就是在一次次地回顾我们的祖国。我们要做的，就是做好我们在做的每一件事，回报祖国。

——环境系　翟善龙　合唱队队员

我想，用"使命光荣，责任重大"这 8 个字来形容我的感受最为贴切。离正式演出的日子越近，这种感受就越发强烈。在本科的最后一年还能够有机会跟随舞蹈队代表清华大学参与这次演出，为新中国六十大寿贡献自己的一点绵薄之力，对我来说，是幸运，更是光荣。

用肢体语言叙述中国的历史，用真情实感表达中国的今天，作为一名当代大学生，我们用饱满的精神风貌告诉世界这是一个怎样的中国。舞蹈就是这样一门艺术，排练固然辛苦，但能和队友们在一起并肩作战也是幸福快乐的。

——新闻学院　林茵　舞蹈队队员

这个暑假，我们舞蹈队二十多名同学参加了大型音乐舞蹈史诗——《复兴之路》的排练。这是我们第一次参加这种隆重的演出，作为唯一一支非专业的舞蹈队伍，能和其他许多高水平的专业团队同担重任，我们深感荣幸。自 6 月底加入节目的编创和排练以来的三个多月里，我们牺牲了回家过暑假或是上小学期课程的机会，不断地完善自己的节目。这里我想说说我们出演的其中一个节目《打工谣》，这是我们戏份很多的一个节目，也是我们花的精力最多的一个节目。它不是一个单纯的舞蹈，没有我们常看到的舞台上演员们翩翩的身姿，它利用灯光将融合了生活与舞蹈的姿态和动作投射在一面大屏幕上，来诠释当今社会中工人们的生活和精神风貌，可以说是一出现代的皮影戏。由于这个节目的特殊性，我们只能在大家都撤走后单独排练，好几次凌晨 3 点多才拖着疲惫的身躯回到学校，第二天早晨 7 点多又挣扎着来到人民大会堂排练。但大家没有怨言，依然为这个节目奉献着自己的力量。我们一定会尽全力为全国人民献上最完美的演出，用我们的方式为新中国的六十华诞增光添彩！

——环境系　王元佳　舞蹈队队员

看似每一处不经意的变化，却带来了很不一样的效果，这背后也必定包含了主创人员的大量付出。记忆深刻的还有那些战士，或是伏在地上，身上蒙着厚重的布，灯光打上，里面不知会有多热，而他们却一动不动；或是一遍遍地练习退场，只为在下一首歌开始前空出舞台；或是相靠相依在一起，表演出波澜壮阔的舞蹈。还有那些舞蹈演员，跪在地上，跳起来又跪下，一遍遍，不知膝盖会有多疼。还有坚持真唱的歌唱家，听着听着，觉得她们的嗓音都有了些沙哑。还有搭台子的工人，脖子上挂条毛巾，在脚手架上来来回回。还有……

以往当我谈论那些成功的演出，想到的总是总导演或是闪耀的明星。这次作为众多表演者中的一员，目睹了这些艰辛，体会了这些辛苦，才感受到集体的强大与默默付出的力量。这不是一个人的成功！凝聚集体的力量，我们一定会为祖国华诞献上一份完美的生日礼物！

——美术学院　彭羽　合唱队队员

“……紫荆花，白莲花，竞相开放；母亲的爱，儿女的情，永世不忘……”

这是在庆祝大型音乐舞蹈史诗《复兴之路》排练阶段，从人民大会堂里飘出的歌声，歌曲的名字叫《永世不忘》。说真的，这歌声深深地打动了我，唱到了我的心里，相信也震撼了在场所有的人。这个节目、这首歌之所以能够打动我们，不仅是因为它优美的旋律，也不仅是因为舞台灯光效果好、舞蹈演员配合得好，关键在于这首歌有着深刻的历史含义，以及令人深思和回忆的苦难背景。

作为当代的大学生，我们应该清楚地看到一个国家如果要得到尊重，必须先发展自己。不远的明天我们将肩负起祖国的重托，背负起民族的希望，我们要用知识武装祖国，生活上多一些思考，少一些浮华，要成为有根基的大树，而不是水面上的浮萍。将自己磨练成能体现自身价值的、国家真正需要的人才。

牢记历史，以史为鉴，这样我们才能够使自己的民族屹立于世界之林。

——水利系　郭乾坤　合唱队队员

		3
1	2	

1 学生艺术团合唱队参加《复兴之路》第四章节联排
2 学生艺术团舞蹈队凌晨 3 点在人民大会堂排练
3 校党委副书记史宗恺老师看望《复兴之路》参演同学

很荣幸能作为清华大学舞蹈队的一员参加国庆六十年大型音乐舞蹈史诗《复兴之路》的演出，我最大的感受就是清华舞蹈队是用智慧跳舞。清华舞蹈队将与其他很多专业的团队同台演出，作为唯一的一支非专业团队参与其中，我们始终在以认真而又善于创造的队风感染着其他团队。特别突出的是清华人善创新、能吃苦的精神特点。在我们参加的一个节目中，清华人用自己的智慧和创造演绎了一段不同寻常的舞蹈史诗，让舞蹈因有了创意而变得更加精彩。创意性的演出让我们在排练过程中遇到了很多前所未有的问题，但清华人竟以几何、光学、机械动力学等知识让舞蹈变得富有智慧。清华舞蹈队勤奋严谨、行胜于言的精神品质感染了每一个参演人员。

——法学院　王莹　舞蹈队队员

从接到参加大型音乐舞蹈史诗《复兴之路》任务之日起，喜悦和紧张的感觉就时时伴随着我们。虽然不是专业的演员，但是，我们为祖国庆祝生日的愿望是一样的，向全国人民献上一份视听盛宴的热情是一样的，向党和国家交上一份满意的答卷的决心也是一样的。所以，我们决心把每一个角色都表演得淋漓尽致。时时都能看到，队员们在闷热的舞台上挥汗如雨地完成着每一个动作；刻刻都能听到，队员们在昏暗的后台默默地数着节奏复习动作。总之，我们走到哪里，这种刻苦钻研的精神都会出现在哪里。

虽然演出人员有很多我们并不认识，但他们却一次次地在我们需要的时候伸来了援手。舞台就是这样的神奇，它不仅是一个表演的场所，更是一个家。能把全国这么多演员凝聚在这里，这就是《复兴之路》的魅力。只有身在这个舞台上，才能领会到“四海之内皆兄弟”的民族情谊。

高强度的排练很紧张，也很辛苦，但我们每一位队员都坚信，我们会把清华人的精神保持下去。我们相信，只要坚持这种精神，我们一定能克服一切困难，向党中央、向全国人民、向全世界展现清华的风采，展现高校学子的风采，展现中华民族的风采！

——软件学院　姚峻阁　舞蹈队队员

上场下场舞美灯光，等等，一项项反复试练修改，一部恢宏的音乐舞蹈史诗就是这样一遍遍修改锤炼而成的吧。穹顶的投影会将把观众带回那个充满硝烟战火的年代，共同回忆一个大国是怎样从曾经的屈辱和满目疮痍中破茧而出，艰难地刻下一个个带血的脚印，坚定地站起来的！

这台史诗，我想很难找出几个简单的字来形容吧！给我的感觉就是一个“大”字：大气魄，大手笔，大场面，大气磅礴，大辛苦，大收获！

——土木系　张欢　合唱队队员

我们是清华的儿女，更是中国的儿女，我们要秉承清华人的热情与执著，将这个季节献给祖国。我们要坚持中华儿女的豪迈与责任，共同记录这一条“复兴之路”的征程。

我们这一代没有经历过祖国的昨天，也没有体会过那个年代的峥嵘岁月；但是这两个半小时的演出，我们共鉴了苦难的过去和艰辛的攀援，并且亲眼见证了今日的辉煌。我们幸福的今天是由无数个辛勤昨天换来的，我们没有理由不尽自己的一点绵薄之力，为祖国献上一份厚礼。

我们要为祖国歌唱，我们要把一路走来的风雨坎坷、探索追寻、感人肺腑的人和事都细细追溯。回首过去，展望未来，旋律在我们心中敲打出强有力的声音。现在，我们为祖国的昨天和今天歌唱，而她的明天更需要由我们这一代用劳动与汗水去歌唱。

——热能系　尹炯宇　合唱队队员

在参加《复兴之路》的过程中，从一队的师兄师姐们身上，我学到了很多。在排练的休息时间，当其他的演员都在嬉笑时，我们却坐在排练场地的角落里静静地看书、学习——这也成为了排练场地一道引人注目的风景。而在排练的时候，我们的队员也是最认真的。尽管和专业演员的业务水平之间还有一定的差距，他们轻轻松松就能完成的动作，我们常常要反复练习才能跟上，但大家从来没有气馁过，总是一遍又一遍地在一旁自己练习。我想，这就是清华人自强不息的精神，它深深印在我们心中，写在我们的一言一行上，让我们无愧于清华，无愧于我们的光荣使命。在联排时，当我们的节目《打工谣》上场表演，我站在后台，听到周围很多专业演员发出了惊讶而佩服的声音，最后还爆发出热闹的掌声。那一刻，虽然我没有上台演出，但我也感到无比骄傲。这是专业演员对我们平时努力的肯定，也是对清华的肯定。

《复兴之路》的排练对我来说还是一个不断学习的过程，使我对舞蹈有了更深的理解。在我参演的这个节目中，我看到的不仅仅是舞蹈本身的动作和技巧，更看到了所有演员们投入的动人情感。每一次排练，我都感受到了自己内心深处的触动，这不是用语言所能表达的。这让我也深深地陷入了所要表达的感情当中，情不自禁地把自己的情感融入到动作和音乐中，融入到对祖国、对人民的热情和感激中。

我想，这也是《复兴之路》带给我的最大的收获和感动。

——电子系　罗子威　舞蹈队队员

参加《复兴之路》的排练，是一种对耐力和心智的考验，也是对团队意识和爱国主义精神的一种培养。尽管排练过程中有过不快，有过委屈，有过不满，但所有人依然怀着满腔热忱坚持着。或许我们在舞台上只是一个小小的角色，甚至没有人注意到我们，甚至我们只是在幕布后舞蹈，但当音乐响起的那一刻，我们依然全情投入。诚然，我们没有专业团队的舞蹈修养，但在舞台上，我们热爱舞蹈、热爱祖国的心，与他们是一样的。我们会用自己的行动，骄傲地向世人宣布：我们，不辱使命！

——工业工程系　宋馥璇　舞蹈队队员

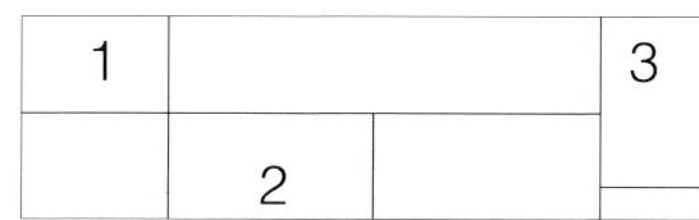

1 学生艺术团舞蹈队全体参演队员在人民大会堂合影
2 学生艺术团合唱队全体参演队员在人民大会堂合影
3 校党委副书记韩景阳、校党委学生工作部部长杜汇良、《复兴之路》总导演张继钢少将为清华大学参演师生作动员

感谢清华大学为大型音乐舞蹈史诗《复兴之路》的成功所付出的努力和做出的贡献！

总导演
张继钢
2009.9.20.
于人民大会堂

《复兴之路》总导演张继钢为清华大学学生艺术团题词

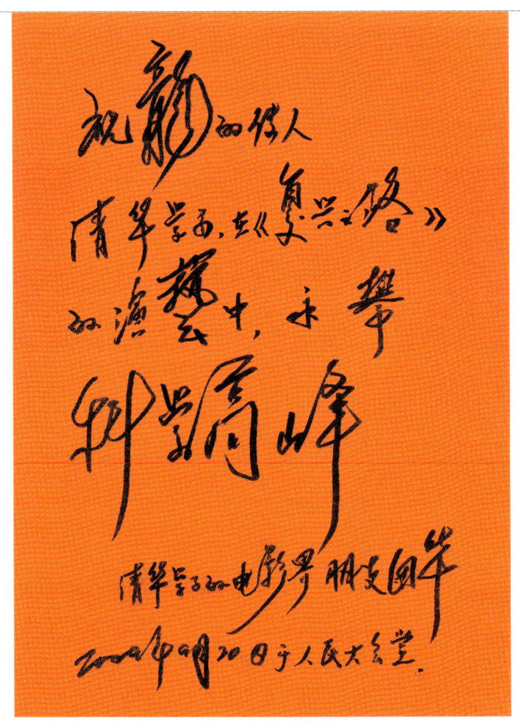
祝龍的传人
清华学子们在《复兴之路》的演艺中，永攀
科学高峰

清华学子们的电影界朋友田华
2009年9月20日于人民大会堂.

著名电影表演艺术家田华勉励清华大学参演同学们永攀科学高峰

清华大学舞蹈团参加《复兴之路》表现出色、既有舞蹈、更有思想、且不乏智慧的闪现、青春、活力、美丽、健康、集美化美集于一身。

《复兴之路》舞蹈部主任：潘志涛
2009.9.23.

《复兴之路》舞蹈部主任潘志涛高度评价舞蹈队同学的表演

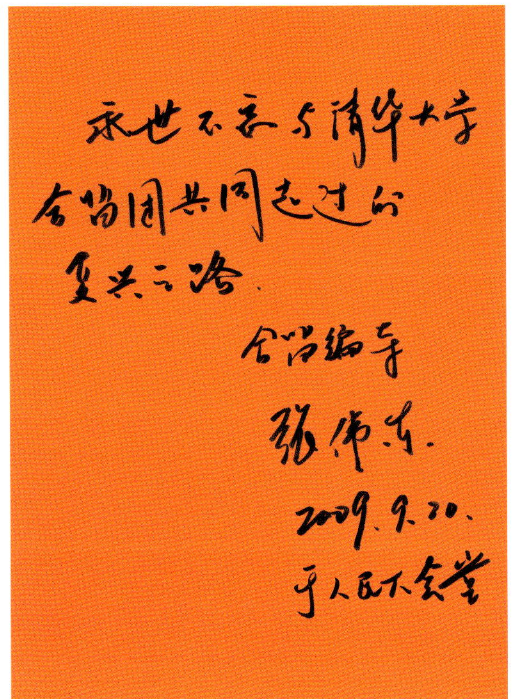
永世不忘与清华大学合唱团共同走过的复兴之路。

合唱编导
张伟东
2009.9.20.
于人民大会堂

《复兴之路》合唱编导张伟东给合唱队同学的留言

肆

祖国万岁

第四篇　祖国万岁

祖国啊，我亲爱的祖国

精仪系　马冬晗

我不知道，该如何
表达我对你的眷恋
你的名字，深深地，在我心底镌刻

从小到大，我读着你的邈远，广博
我读着诸子散文，孔孟老庄的思哲
我读着唐诗宋词，柳永陆游的悱恻
我读着水浒红楼，青史的摩崖石刻
我读着文言白话，雅俗的诙谐幽默
我读着你长大，你在我的血脉里流成江河

从小到大，我读着你的山水
我读着杭州西湖，烟柳拂堤，柳浪莺歌
我读着九寨风情，蓝天碧水，依依袅娜
我读着雄伟五岳，齐鲁大地，亘古气魄
我读着天涯海角，椰林低垂，阳光婆娑
我读着你长大，你在我的灵魂里唱出浩歌

二十年，我和你一起成长
我看到，从百废待兴到经济大国
你艰难行进，谱写出龙之传人的赞歌
二十年，我和你一起茁壮
我看到，从发展体育到北京奥运
你坚定昂扬，挥毫出睥睨世界的胆魄
而来到清华，我更懂得
那句铿锵有力的告诫
选择了清华，就是选择了一生的责任
我更明白
那声深情婉转的呐喊
祖国啊，我亲爱的祖国

我们能做什么

在你的六十华诞，挥舞着旗帜
走过天安门广场
在万民狂欢的时刻，喷洒一腔激情
为你唱祝酒歌

我知道，你最需要的是什么
是在清华求学的时候，勤奋刻苦
在知识的海洋中探索
是在选择就业的时候，毫不犹豫
把你写在志愿的首座
是怀揣热血，让青春燃烧在你最贫瘠的角落

怀着激情与梦想的我们渴望在天安门前走过
不怕烈日的烧灼，八月的暑热
昂首挺胸，千百次呼唤着你的名字
那优美感人的祝酒歌，是我们心底的合唱
高举的彩旗是爱的璎珞
你的未来，我们一起雕琢

祖国给我们一个舞台，我们还世界无限精彩

清华大学党委学生部部长　杜汇良

在这次国庆盛典中，首都各界群众和各级单位广泛动员，各区县、各高校、各委办局及市属单位都高度重视、积极参与，有关中央单位、解放军武警部队以及外省市也大力支持，活动取得了圆满成功，体现了强大的动员能力和坚强的组织保障。

清华大学作为基层主责单位之一，具有承担任务重、参与人员多两大特点。我们先后承担了第 24（科技发展）和第 4A（毛泽东思想标语）两个方阵的重要任务，同时部分学生参加了广场合唱、广场联欢等任务，参与师生多达 5100 多人，1/3 的本科生都参加了相关活动。覆盖了从 90 后的大一新生到研究生、从青年教师到 60 多岁的离退休老教工，年龄跨度近 50 岁。值得一提的是，第 4A 方阵仅利用了 7 天时间，是组建时间最短的方阵，也是唯一由大一新生组成的方阵，以出色的训练成果创造了群众游行的一个奇迹。

几个月的工作历程，我们深深感受到以下三点：

一、政治为先，大局为重。今年的游行活动时间紧，标准高，难度大。学校领导给予了高度重视，党委常委会专门开会部署相关工作。第 24 方阵报名开始时，不少学生已经确定了暑假的安排，工作存在相当大的难度。我们基于对学生的信任，确立了充分动员基础上的自愿报名原则。很多党员同学带头报名，方阵中党员比例超过 40%，很多班集体全部报名参加。4A 方阵仅利用 32 个小时就完成了教学课程的调整、人员的动员、报名、政审、集结和编队施训工作，91%的学生踊跃报名，没有一个参训学生因为主观原因选择放弃。细致的工作激发了每一个参与者内心深处对祖国深深的爱，这为工作打下了坚实的精神基础！

二、周密安排，科学施训。我校选拔优秀的国防生承担教练工作，让优秀的同学成为榜样和示范，凝聚、影响和带动全部的同学。分阶段有重点地开展训练，发动每一个学生为做好训练出谋划策，强化训练的目的性、系统性和实效性。开设了“国家意识与青年责任”课程，邀请知名学者授课；编辑发行了内部刊物《同方阵》，强化训练和教育功能的有机结合；成立了临时党组织，通过专题组织生活等活动，有效地激发了战斗力，发挥了思想核心和战斗堡垒的作用。

三、精心组织，有力保障。在群众游行指挥部总指、分指和上级主管部门的领导下，各组织单位都给予了高度的重视。我校成立专门的方阵总队领导机构，校党委书记担任总队长，抽调专人，整合十余个部门的力量，共同组建了强大完善的指挥保障系统。组织专人设计了富有时代精神和学校特色的训练服装，切实做好餐饮、交通、安保、医疗等保障工作。甲型 H1N1 流感的严峻考验，是今年面临的一个难题，在卫生部门的大力支持下，我们认真做好预案，切实抓好防控工作，胜利地打赢了这场“甲流防控战”。

游行过程的顺利举行，离不开群众游行总指挥部、各分指挥部、各专项指挥部和有关主管部门的支持与帮助，第 24 方阵、4A 方阵在筹建过程中得到了总指挥部、第四、第二分指挥部和策划动训部等各专项指挥部的鼎力协助，这些都是游行活动的重要组织保证。在这里，我谨代表组织单位对总指挥部、各分指挥部、各专项指挥部几个月来的关怀与指导表示衷心的感谢！

回顾过去，辉煌已成历史；展望未来，更觉豪情满怀！我们高兴地看到，“我与祖国共奋进”的精神在感染着每一个参与人员，一种集体主义和爱国主义高度统一的、以国家意识与青年责任为核心的“方阵精神”已经形成，这是爱国的激情和热情进一步升华为责任和奉献的伟大成果！我们有信心抓住契机，乘势而上，进一步总结和巩固这些成果，积极作为，把爱国主义和理想信念教育推向新的阶段！我们更有信心，号召和凝聚广大的有志青年，积极投身到中国特色社会主义事业的建设中，为中华民族的伟大复兴而不懈奋斗！

为祖国设计 为祖国奋进

清华大学美术学院常务副院长　郑曙旸

2009 年初，美院受“国庆 60 办”委托，承担国庆 60 周年 26 辆主题彩车的设计任务。我院由何洁副院长负责，迅速组织几十名教师和学生组成设计队伍，投入到紧张的设计工作中。第一轮方案经过领导和专家论证评审，我院设计的方案被选中 12 个，主题分别是：浴血奋斗、艰苦创业、工业成就、体育成就、科技成就、农业成就、交通成就、众志成城、同一个世界、我的中国心、教育成就、能源水利。加上后来又被选中的北京之歌彩车，总共是 13 辆彩车。清华美院是承担彩车设计最多的单位。

清华大学美术学院设计的“艰苦创业”彩车

在设计过程中，大家承受着巨大压力，废寝忘食，殚精竭虑，每一个方案都要经过几十次反复修改。而北京彩车的最终定稿更是百易其稿，历经磨难。北京彩车设计之初就提出，要突出“人文、科技、绿色”三大要素。作为古都，北京彩车需要展示古都风貌的同时，还要将现代化建设，特别是近十年来日新月异的发展，融入到彩车之中。而能代表这些特点的元素又纷繁复杂，为此，从设计之初到最终定稿，北京彩车设计易稿 140 多次。

为了设计好这 13 辆彩车，在那段时间，通宵达旦地工作几乎成了一种常态，但是大家任劳任怨，坚持不懈，把祖国利益看得高于一切。无论每辆彩车是写实的还是抽象的，在具体的细节表现上无不遵循着“准确”这一原则。例如，一彩车中需要设计一个展现新中国成立初期工业成就的“解放”货车造型，但是谁也不知道最早的“大解放”具体是什么造型。师生们花了很多时间查找各种资料，最后终于在网上发现了一张第一辆“解放车”模型图样的小图片，之后又咨询了相关专家，才最终确定下来。

集体创作、个人实施，这就是美院在短短两个多月内设计出十余辆彩车的秘诀。在彩车工作总结表彰大会上，因清华美院的出色表现，指挥部授予清华大学突出贡献锦旗。

2009 年 5 月，国庆 60 周年庆典群众游行指挥部把国庆六十周年民族团结柱的设计任务交给了清华美院。这是一项时间紧、

清华大学美术学院设计的民族团结柱

清华大学美术学院设计的“我的中国心”彩车

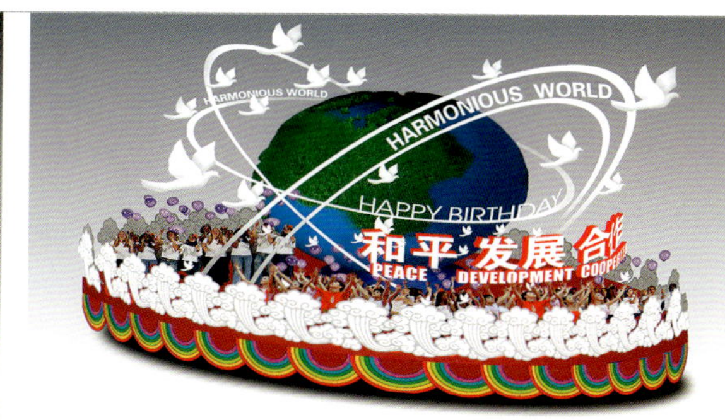

清华大学美术学院设计的“同一个世界”彩车

任务重、要求高的任务，由 9 名师生组成的民族团结柱设计团队，同样承受着巨大压力。56 根民族团结柱上的人物的动作形象经过多次挑选，设计团队还请来了中央民族歌舞团的演员现场跳舞，用相机连拍抓取最佳动作，然后转化为绘画语言，并且在忠实于原来舞蹈动作的基础上，进行绘画方面的提升。绘画之前还详细了解各民族知识，筛选各民族的服装、头饰，最终选定的各民族服饰都是各民族最具代表性的盛装，包括一个小的耳坠、手镯都是很讲究的。草图经过了不知道多少次的反复修改，最终于 8 月中旬通过了审核，正式确立为民族团结柱柱身装饰方案。从接到任务到交稿，短短不到三个月的时间，我们以祖国至上的精神圆满地完成了设计任务。

除了 13 辆彩车和民族团结柱的设计，美院还承担了许多其他设计任务。大家还记得国庆那天天安门广场的背景图案吗？与以往相比，国庆 60 周年的图案在数量和变化上都创下历史之最，由 41 幅、49 次变化的图案组成，与阅兵和群众游行密切呼应。主持天安门广场背景图案设计工作的是我院青年教师陈楠。还有，大型音乐舞蹈史诗《复兴之路》服装设计工作中，我院青年教师李迎军负责完成了序曲“我的家园”和第一章“山河祭”两大章节。值得一提的是，在游行训练的同时，美院的学生还克服困难，完成了科技发展方阵服装和手持物的设计任务。

当 10 月 1 日下午 300 余名美院师生相聚在紫荆操场时，我们光荣，我们自豪！为祖国设计，是美院人的使命；为祖国奋进，是美院人的责任。清华美院一定要为中国成为设计强国做出更大的贡献，我相信清华美院的学子们一定能承担起中国设计的未来。

清华大学美术学院设计的“浴血奋斗”彩车

清华大学美术学院设计的“科技发展”方阵手持物图案

后勤保障做贡献

清华大学紫荆园餐厅经理　张来财

凌晨 3 点，紫荆园食堂的师傅为合练归来的同学们煮面条

饮食中心的师傅们为方阵师生分装配送合练用餐

同学外出演练一般都在凌晨四五点钟出发，每个学生一小袋食品和饮料，可是 2600 多袋，需要十几个师傅，忙碌一夜才将多达 500 多箱食品拆箱、分装完毕，送到车上。同学到天安门训练时一般都是前半夜出发，北京市统一配发食品，这些食品中咸菜、点心等都已经分装好每人一袋了，可是牛奶、矿泉水、果汁和面包还都是整箱运来的，师傅们在分装食品，还必须得将原先的袋子打开再进行分装，这工作量几乎又加了一倍，分装后的 2600 多袋的食品还要送到综合体育馆。运货的车辆到综体门口，师傅们要把装好的食品拎着通过安检后送到馆内。一开始大家都健步如飞，到最后短短十几米的路程，师傅们都累得几乎走不动了。但是师傅们一不说苦、二不喊累，擦擦汗就继续给同学们分发食品，一干就是多半宿。正常的伙食工作还不能因此而受影响，师傅们分发完食品后还要回食堂准备正常的饭菜供应，采购人员每次开车把食品送到集合地点后还要外出采购保障学校每天几万斤的蔬菜供应，很多人几乎都是连轴转。

这次供餐的工作很多时候是计划赶不上变化。记得有一次，按计划凌晨 5 点钟训练才结束回到学校，原计划安排职工 3 点半上班提前一个半小时准备面条，谁知当天凌晨 2 点半食堂就接到信息，当时的训练已经结束，估计 3 点 20 分到学校。此时距离安排职工上班还有 1 个多小时，等他们上班再来加工肯定来不及，我们立即组织食堂内仅有的五六个值班人员迅速行动起来，开始生产加工，连食堂的电工都上灶煮面条，终于赶在学生回到学校食堂前，将 2000 多份面条做好，让同学们吃上了热乎乎的面条。学校组织的 4A 方阵要集中到大兴进行封闭式训练，我们接到备餐任务时距离方阵出发已经不到 20 个小时了，可是 6000 个面包是个大问题，现发面烤制的话，至少得提前 2 天才能够做得出来，最后商家协助我们从几十个超市回购面包，终于凑足 6000 个，在方阵出发前五个半小时的午夜十一点半送到食堂，师傅们连夜分装，终于赶在队伍出发前 1 小时将食品分发完毕。还有一次，同学们正在良乡演练时，倾盆大雨从天而降。我们得知这个消息，很心疼同学们着凉感冒，立即煮姜糖水给同学们驱寒，坚决不让一个方阵的同学生病。

国庆供餐得到了各级领导的重视，主管后勤的吉俊民总务长不定期地了解情况、现场指导，原总务长赵淳老师和饮食中心副主任闫聚群老师也总是在紧急情况下亲临一线给我们鼓劲打气。最繁忙的还是 9 月 30 日和 10 月 1

日这两天，不仅要做好一年一度的国庆学生加餐，还要做好5000多人的庆功宴。5000多人同时吃饭、席开600多桌的规模，不仅高校餐饮闻所未闻，连社会餐饮也极其罕见。饮食中心从主任到科室领导全部出动，从策划方案到菜谱的设计、食品的采买配送、食品的盛装容器、餐桌的摆台、上菜的顺序等，每一个细节都力求完美。学校拟定的餐标虽然不高，可是炊管干部职工力争让师生吃出宴会厅的饭菜口味。

副经理吴波家里小孩才几个月大，正是需要照顾的时候，为了这次备餐任务，他回不了家，成宿地跟职工同吃同住。经理助理董燕全也吃住在食堂，就为了这次国庆的各种供餐任务。有两位老师傅年龄偏大，考虑到他们的身体原因，国庆当天的备餐原计划就不安排他们了，这时两个老师傅主动找到我请战，说全食堂都在为国庆60年做贡献，自己就是累趴下也要献出一份力量。食堂全体职工都是这种精气神，顺利完成了这次国庆供餐的任务。

这次5000多人就餐有2000人安排在桃李园，桃李园张素琴经理的独生女儿婚礼就安排在10月2日，可是为了这次国庆的庆功宴，亲生女儿的婚姻大事也放在了一边，到了庆功宴结束，已经是下午5点，这几乎是连简单打扮打扮都来不及了。女儿结婚做妈妈的不能够忙前忙后，她啥话都不说。她一心扑在工作上的这种精神真是值得我学习。在筹备庆功宴时，我的一颗牙有点疼，当时没在意，等到10月2日，我去医院看急诊，医生说发炎严重，只能拔掉。跟张素琴经理比起来，我拔掉一颗牙实在是微不足道。话再说回来，看到国庆同学们壮观游行场面，我牺牲的这颗牙，值！

这次国庆游行后勤保障的工作，凝聚着清华后勤各个单位同事们的心血，正大商贸公司不辞辛苦连夜配送矿泉水和点心小吃，接待中心精心组织调配各种车辆，修缮中心妥善安排同学们洗澡，物业中心悉心安排相关人员的住宿等，饮食中心采购科、观畴园食堂、清青快餐、桃李园的广大炊管职工也发挥了很大作用。跟他们相比，紫荆食堂的工作实在不值一提，他们无私奉献、任劳任怨的精神值得我们学习。

紫荆园和桃李园餐厅为5000余名方阵师生准备庆功宴

方阵师生在紫荆园食堂和桃李园食堂举行庆功宴，校领导看望参训同学

我爱我的祖国

1	3	5
2	4	6

1 上千名清华师生参加了“一片清心献华诞——清华学子庆祝新中国成立六十周年签名活动”，抒发着对祖国的深切祝福，传达着清华人与祖国共命运的誓言和责任

2 清华大学“我爱我的祖国”师生同台演唱歌咏晚会于9月24日在综合体育馆隆重举行，全校50多个单位4100多名师生用深情的歌声，歌颂伟大祖国，弘扬清华精神

3 全国高校学生“我爱我的祖国”主题暑期社会实践活动启动仪式在清华大学举行。中共中央政治局委员、国务委员刘延东，教育部部长周济，教育部副部长陈希，教育部副部长李卫红，北京市市委常委、教育工委书记赵凤桐，北京市副市长黄卫，团中央书记处书记卢雍政，清华大学党委书记胡和平出席了仪式

4 全国高校学生“我爱我的祖国”主题暑期社会实践活动启动仪式现场

5 清华大学启动百年校庆“祖国万里行”主题社会实践活动

6 “清芬挺秀 华夏增辉”——清华大学学生喜迎国庆60周年文艺演出于9月11日在综合体育馆隆重举行，师生用自己精心准备的文艺节目表达了对祖国母亲的热爱和祝福，同时也表达了所有参加国庆60周年活动的数千名清华师生圆满完成各项任务、为新中国六十华诞献礼的信心与决心

社会媒体报道

清华大学作为基层主责单位之一，先后承担了第 24 和第 4A 两个方阵的重要任务，同时部分学生参加了广场合唱、广场联欢等工作，参与师生达 5100 多人，覆盖了从 90 后的大一新生到 60 多岁的离退休老教工。值得一提的是，第 4A 方阵仅利用 7 天时间组建，是组建时间最短的方阵，也是唯一由大一新生组成的方阵，出色的表现创造了群众游行工作的奇迹。

第 4A 方阵仅利用 32 个小时就完成了教学课程的调整、人员的动员、报名、集结和编队工作，没有一个参训学生因为主观原因选择放弃。

——北京青年网

在有着近百年历史的清华礼堂门前，"一片清心献华诞"的签名展板满满寄托了学生们盼望祖国繁荣昌盛的强烈愿望。这所建于清朝宣统年间的留美预备学校，今天已成为新中国培养一流建设人才的重要摇篮。他们也更理解从一个用屈辱赔款建立的学校，成长为自强自立的世界一流大学的艰辛和曲折。中央政治局现任九常委中有三位曾经就读于这所大学，其他在关系国计民生的重要领域做出重要贡献的人才更是数不胜数。

而清华学生的严谨、勤奋、聪慧也在这次国庆 60 周年游行准备中展现无遗。他们在 32 小时内完成 2800 人的动员、报名和选拔，不到一周训练出一个全新的游行方阵，10 月 1 日上午当这支以 2009 级新生为主的"奋斗创业"方阵走过天安门广场时，清华大学古老的第一教室楼里响起雷鸣般的掌声。

除了和其他方阵一起练队形、走队列，清华大学还发挥美术学院的艺术设计优势。参加本次国庆游行的 60 辆彩车中，有 14 辆都是出自他们之手。他们自己设计的正式表演服装时尚大气，蓝白灰三色的搭配切合了"科技发展"方阵的主题。

——中新社

今天清华大学参加国庆游行的学生进行了最后一次训练，各方阵临时党支部也以"国家意识与青年责任"为主题过了最后一次组织生活，从 7 月开始训练以来，像这样的组织生活每周举行一次。

——央视网

昨天上午，科技发展方阵总队在清华大学校内冒雨举行合练，教育部副部长李卫红前来观看了合练。

在合练现场，李卫红代表教育部对全体师生表示慰问，高度评价了方阵全体师生在训练过程中表现出来的昂扬斗志和良好的精神面貌，希望方阵全体队员刻苦训练、再接再厉，高质量完成国庆当天的游行表演任务。

方阵总队全体人员深受鼓舞，大家纷纷表示一定会以饱满的热情投入到最后阶段的训练，为清华争光，为国庆添彩。

——新民网

清华大学的学生在大学生方阵中服装男女统一，上衣是大翻领的浅灰外套，内穿白色衬衫，下着白色西装裤，鞋子则是深灰色的硬板鞋。男生打蓝色领带，女生围蓝色丝巾，这是男女生唯一的着装差异。服装的设计被评价为"挺帅气的，有一点科技感"，正配合了清华独立方阵"科技发展"的主题。

——中国网

从6月的动员报名，到7月的集中训练，再到8月和9月的分指合练、核心区彩排，5000余名清华师生历经3个多月的筹备训练，度过了一个最繁忙也最难忘的暑假。在训练中，同学们展现了良好的精神风貌。在良乡机场合练时，同学们冒着突然而至的瓢泼大雨，步伐坚定地整齐前行，赢得全场观礼领导和指挥员热烈的掌声。每一次在集结地休息后整队出发，同学们没有在地上留下一片垃圾，得到现场工作人员的交口称赞。

清华大学电机系郑方文同学说："支撑我的是最朴素的爱国热情！"来自新疆的哈萨克族同学阿依提汗说："国家培养了我们，我们最需要的就是团结，就像走方阵一样，需要向着同一个目标前进，要同方阵、同步伐、同节奏，同心协力。"

——人民日报

"仅用6天时间，打造出了一个3279人的游行方阵。"6天强化训练，创造国庆60周年群众游行训练时间最短纪录。

——新京报网

今天凌晨，国庆群众游行队伍新成员——"奋斗创业"方阵在天安门前进行了首次适应性走场演练。记者在现场看到，尽管刚刚才开始训练4天，方阵队形、队员步伐都保持得相当好，演练效果令在场教练员非常满意。

——扬子晚报网

9月25日，新增国庆60周年群众游行队伍"奋斗创业"方阵开始正式训练。这支主要由清华大学新生组成的群众游行方阵于22日受命组建，24日上午10时在大兴军训基地誓师，在32小时内完成集结。这群刚刚从全国各地汇聚到北京，意外而又兴奋地加入国庆60周年群众游行方阵训练的大学新生，必须在6天的超常规科学训练中实现"踏乐而行，随乐而动"的训练效果。

——腾讯网

"奋斗创业"标语口号方阵共3279人，由900名武警和2379名清华大一新生组成。据"奋斗创业"方阵联络员介绍，新增的"奋斗创业"方阵编号4A，将在原来的第4和第5方阵之间出场，而新增方队的原因主要是为了优化方阵结构。

——搜狐网

6天训练时间，如何达到"踏乐而行，随乐而动"的训练效果？"必须有科学的训练方法。"国庆群众游行指挥部二分指总指挥赵津芳说。北京武警总队23日紧急召集、训练出了122名教员，每两名教员负责教授一排方阵队员。"在6天的训练日程中，除了分段训练、总队合练、与前后方阵配合训练外，新方阵还将模拟受阅训练，并安排时间到长安街上去实地体验，"赵津芳说，"必须保证队员们的健康和精神状态，在这里，没有魔鬼训练，只有超常规的科学训练。"

——网易网

第一天，接到通知后马上开始制定、论证方案；第二天，向武警战士和清华大学学生发起动员，自愿报名，完成人员集结；第三天，完成后勤保障工作。72小时解决训练外围所有问题。而仅仅通过6天的训练就要在国庆方阵中亮相，这支队伍将创造历史性的奇迹。

——新浪网

由于时间紧迫，训练从早晨6点半就开始了，打外围和推标语口号车的武警战士甚至每天都要训练到半夜11点。"从22日凌晨确定增加方阵的方案到24日上午召开动员誓师大会，仅用了两天的时间召集人马。"联络人表示，由于训练任务比较紧张，因此在考虑人员组成时设定了"要有一定的训练基础"的条件。而武警官兵本身就训练有素，而清华大学的新生在9月17日刚刚完成了军训，相信他们一定能出色地完成任务。

——中国国际广播电台　国际在线

由于时间紧迫，队员们只有5天训练时间以及1次合练机会，好在这些新生都刚刚经历过军训，有一定的动作基础。但是由于军训要求的步幅是75厘米，而方阵要求步幅为60厘米，所有队员须在5天训练中将步幅降下来，缩短15厘米。

——北京青年报

组建4天就"上阵"，这是所有方阵都难以想象的，但是清华大学2800多名大一学子做到了。

——商都网

"仅用6天时间，打造出了一个3279人的游行方阵。"国庆群众游行"奋斗创业"方阵总联络员在接受当地媒体采访时表示，该方阵创造了国庆60周年群众游行训练时间最短纪录。

——中国青年网

音乐舞蹈史诗《复兴之路》的歌舞《打工谣》中，有一段长约2分30秒的剪影，表现了东方明珠、飞机、电梯、轿车、自行车等十多个具有代表性的事物。而这一切，是由26名清华大学舞蹈队的队员完成的。

《打工谣》展现了一群具有时代感、个性化的农民工兄弟，他们幽默、潇洒，对生活充满信心。白色幕布上高楼拔地而起，配上民谣式的说唱、带有街舞风格的舞蹈，让观众们露出了会心的微笑。

在2分30秒内，要让十多个事物和着音乐节奏，准确迅速流畅地出现在幕布上，实在很难。编导肖向荣说，在他指导的8个节目中，《打工谣》是排练时间最长的。

排练从6月开始，每个事物都是由人体＋道具共同完成。比如东方明珠电视塔，是由6个人加上道具组成的，在靠近幕布的地方有3个人，模仿电视塔的3条支架，并用道具摆出第二个球体，离3人一定距离的地方，一个男孩抱起一个女孩，女孩低头举起道具塔尖，最后一个男孩拨正塔尖。正式演出时，在幕布和投射灯之间的8米距离内，26名演员中没动作的都趴在地上。

"演出中最难的是，每个人都要在1秒钟之内，迅速准确找到自己的位置，做出相应动作。"肖向荣说，"每个事物都要演练上百次，演员之间反复对位，找参照距离，站位甚至精确到厘米。"

——新民晚报

第 24 方阵（科技发展方阵）组织机构

岗位	姓名	单位及职务
总队长	胡和平	校党委书记
常务副总队长	史宗恺	校党委副书记
副总队长	杜汇良	学生部部长
	武晓峰	研究生工作部部长
综合协调岗	赵　洪	校办副主任
	过　勇	校团委书记
	崔　剑	校团委副书记
组织训练岗	王和中	武装部副部长
	熊剑平	学生部副部长
	吕冀蜀	武装部教师
后勤保障岗	赵　淳	原副总务长
	向　辉	学生部副部长
餐饮保障	闫聚群	饮食中心副主任
洗浴保障	唐　浪	修缮中心副主任
车辆保障	吴敏洁	接待中心副主任
票务、住宿保障	戴双春	物业中心副主任
场地保障	王俊华	体育部办公室主任

岗位	姓名	单位及职务
服装道具保障	曹钰娟	学生部事务办主任
训练服装保障	李泽芳	研究生工作部事务办主任
安保工作岗	王世明	保卫处副处长
	刘　强	保卫处副处长
公共卫生和医疗保障岗	刘爱琪	校医院医务科主任
彩车工作岗	郑永平	科研院党支书
	杨亚俊	研究生工作部思教办主任
集结疏散岗	吴敏洁	接待中心副主任
	孙　伟	校团委副书记
	张其光	研团委书记
宣传信息岗	于世洁	学生部副部长
	于　涵	研究生工作部副部长
设施设备保障岗	曹钰娟	学生部事务办主任
	李泽芳	研究生工作部事务办主任
办公室	汪曙光	武装部教师
	李春秋	武装部教师
	王　文	武装部教师

第 4A 方阵（毛泽东思想标语方阵）组织机构

清华大学

岗位	姓名	单位及职务
总队长	史宗恺	校党委副书记
常务副总队长	杜汇良	学生部部长
副总队长	张春生	学生部副部长
综合协调组组长	王松涛	校团委副书记
组织训练组组长	王和中	武装部副部长
教学协调组组长	耿　睿	学生部副部长
后勤保障组组长	阳　波	校团委副书记
医疗卫生组组长	王松涛	校团委副书记
安保交通组组长	杨　林	保卫处保密科科长
集结汇合组组长	欧阳沁	学生部副部长
疏散工作组组长	张　超	学生部教师
总联络员	阳　波	校团委副书记
设施设备保障岗	阳　波	校团委副书记
宣传信息岗	王松涛	校团委副书记
	胡广平	校团委辅导员
办公室	司志杰	校团委教师
	刘今朝	校团委辅导员
	刘　宇	校团委辅导员
	张昭源	校团委辅导员

武警北京总队

岗位	姓名	单位及职务
总队长	李　林	武警北京总队副政委
副总队长	李宝林	武警北京总队副参谋长
副总队长	黄晓文	武警北京总队训练处长
组织训练组组长	张建超	武警北京总队三师副参谋长
综合协调组组长	刘贵军	武警北京总队一师政治部副主任
后勤保障组组长	臧建东	武警北京总队二师后勤部副部长
安保交通组组长	艾　红	武警北京总队政治部保卫处副处长
总联络员	刘祖锋	武警北京总队三师训练科参谋
宣传信息岗	王树杰	武警北京总队秘群处干事
设施设备保障岗	李治国	武警北京总队一师警务科参谋
医疗卫生组组长	李建刚	武警北京总队二师后勤部助理员
标语车组组长	张海林	武警北京总队一师五支队副教导员

广场合唱、广场联欢、复兴之路各分队组织机构

岗位	姓名	单位及职务
广场合唱工作组	赵　岑	学生艺术团工作组副组长
	王金峰	艺教中心教师
	詹逸思	校团委教师
	任艺林	美术学院分团委书记
	梁　晗	学生艺术团辅导员
	魏怡真	学生艺术团辅导员
广场联欢工作组	夏帕克提	校团委副书记
	王　磊	研团委副书记
	邢高熙	艺教中心教师
	周洁婷	校团委辅导员
	曹　震	校团委辅导员
复兴之路工作组	寇可新	艺教中心党支部书记、副主任
	王松涛	校团委副书记
	冯元元	艺教中心教师
	邢高熙	艺教中心教师
	郭婷婷	艺教中心教师
	赵　岑	学生艺术团工作组副组长
	孙羽津	学生艺术团团工委书记
	韩朱旸	学生艺术团辅导员

清华大学获得上级单位奖励情况

奖项	获奖单位和个人	颁发单位
首都国庆 60 周年群众游行优秀组织单位奖	清华大学	群众游行指挥部
组织训练百日竞赛活动优胜奖	清华大学（第 24 方阵）	群众游行第四分指挥部
最佳创新奖	清华大学（第 4A 方阵）	群众游行第二分指挥部
彩车工作突出贡献奖	清华大学（美术学院）	群众游行指挥部彩车部
首都国庆 60 周年群众游行 广场合唱、民族打击乐活动纪念奖	清华大学（广场合唱分团）	中共北京市委教育工委 北京市教育委员会
首都国庆 60 周年联欢晚会群众联欢 大学生联欢板块突出贡献单位奖	清华大学（广场联欢分队）	联欢晚会指挥部群众联欢部
大型音乐舞蹈史诗《复兴之路》的创作排演工作 纪念奖牌和荣誉证书	清华大学	中华人民共和国文化部
首都国庆 60 周年群众游行优秀工作者	第 24 方阵、4A 方阵工作人员 260 名	群众游行指挥部
首都国庆 60 周年联欢晚会群众联欢 大学生联欢板块先进工作者	过勇（清华大学团委）	联欢晚会指挥部群众联欢部
首都国庆 60 周年群众游行参与专家纪念奖	李当岐、肖文陵（清华大学美术学院）	群众游行指挥部
首都国庆 60 周年群众游行创新成果奖	第 24 方阵手持物造型图案优化设计团队 第 24 方阵教练组及其训练模式 “国家意识与青年责任”课程 第 4A 方阵科学高效组织训练模式	群众游行指挥部
首都国庆 60 周年群众游行支持贡献单位奖	清华阳光能源开发有限责任公司 清华控股有限公司 正大商贸公司	群众游行指挥部
首都国庆 60 周年群众游行志愿者纪念奖	第 24 方阵、4A 方阵、广场合唱工作人员 150 名	群众游行指挥部
首都中华人民共和国成立 60 周年 庆祝活动纪念证书	第 24 方阵、4A 方阵、广场合唱全体队员和全体工作人员	首都国庆 60 周年 北京市筹备委员会
首都国庆 60 周年群众游行参与人员纪念奖	第 24 方阵、4A 方阵、广场合唱全体队员和全体工作人员	群众游行指挥部

关于表彰国庆 60 周年庆祝工作
清华大学先进集体先进个人的决定

在党中央、国务院的正确领导和中央各部门、北京市委市政府及全国人民的共同努力下，首都国庆 60 周年活动取得了圆满的成功。我校广大师生积极参与了群众游行、广场合唱、广场联欢和复兴之路演出，以及彩车设计、安全保卫、后勤保障等方面工作，表现出了高度的大局意识和爱国热情，出色地完成了相关的工作，涌现了一批优秀的集体、单位和个人。为表彰他们的先进事迹，激励广大师生员工，学校决定对此次为成功举行国庆 60 周年庆祝工作做出突出贡献的建筑学院学生工作组等 50 个集体和张昕等 65 名同志予以表彰，名单如下。

国庆 60 周年庆祝工作清华大学先进集体

（共 50 个）

序号	集体名称
1	建筑学院学生工作组
2	土木系学生工作组
3	水利系研究生工作组
4	环 82 班
5	机械系学生工作组
6	精 71 班
7	热能系学生工作组
8	汽车系兵器 8 班
9	基础工业训练中心实习部
10	工 8 党支部
11	电 84 班
12	无 8 年级党支部
13	计算机系学生工作组
14	自 9 年级党支部
15	微电子所研究生工作组
16	软件学院研究生工作组
17	航 82 班
18	工物 72 班
19	化工系研究生工作组
20	材 73 班
21	数学系学生工作组
22	化学系研究生工作组
23	生命学院学生工作组
24	医学院学生工作组
25	经管学院研究生工作组

序号	集体名称
26	公管学院博 08 班
27	人文社科学院 09 级本科生第一党支部
28	法新 8 班
29	美术学院彩车设计团队
30	美术学院民族团结柱创作团队
31	新闻 71 班
32	综合体育馆管理团队
33	新型能源及材料化学研究室
34	附小体育教研组
35	新闻中心采访组
36	清华电视台
37	学生部思教办
38	学生部事务办
39	定向生工作办公室
40	研究生工作部事务办
41	大一工作组
42	学生勤工助学大队
43	学生艺术团舞蹈队
44	学生艺术团合唱队
45	保卫处交通科
46	老年大学
47	车队
48	浴室维修班
49	紫荆园食堂
50	留学生与培训学员公寓办公室

国庆 60 周年庆祝工作清华大学先进个人

（共 65 个）

单　位	姓　名
建筑学院	张　昕
土木系	张　琴
水利系	贾　慧
环境系	祝　捷
机械系	马明星
精仪系	李承明月
工业工程系	李斌锋
热能系	裴胜利
汽车系	江青云
基础工业训练中心	武　静
航　院	邓　宇
电机系	董　博
电子系	刘洪全
软件学院	金　涛
计算机系	王忠宁
自动化系	闫循石
微电子所	姜汉钧
工物系	史　晨
化工系	杨　程
材料系	袁礼新
数学系	黄晔辉
物理系	张子龙
化学系	张义恒
生命学院	王鹏程
经管学院	任霄泽
人文社科学院	陈守朝
艺教中心	寇可新
法学院	马　腾
公管学院	汝　鹏
美术学院	何　忠
新闻学院	王风潇
医学院	腾轶超
体育部	鲁昌文
核研院	昝庆峰
附　小	郭鸣剑
宣传部	陈鹏翔
学生部	熊剑平
武装部	王和中
研究生工作部	张其光
校团委	司志杰
研团委	赵钟楠
保卫处	王世明
接待服务中心	吴敏洁
修缮校园管理中心	张玉龙
饮食服务中心	闫聚群
物业管理中心	李　军
清华园街道办事处	方仲奇
校医院	刘爱琪
第 24 方阵办公室	汪曙光　李春秋 刘　宇　张昭源
第 24 方阵宣传教育岗	凌　云
第 24 方阵交通安保岗	刘　强
第 24 方阵彩车岗	杨亚俊
第 4A 方阵后勤保障组	刘今朝
第 4A 方阵宣传教育组	胡广平
第 4A 方阵交通安保组	杨　林
第 4A 方阵集结疏散组	张　超
组织训练岗	吕冀蜀
后勤保障岗	赵　淳
广场合唱	梁　晗
广场联欢	赵文龙
复兴之路	韩朱旸　茹嘉良

希望受到表彰的先进集体和个人发扬成绩、再接再厉，不断做出新的更大贡献。广大师生员工要以这次受到表彰的先进集体和先进个人为榜样，认真学习并大力发扬他们的优良作风，围绕中心、服务大局，在工作和学习岗位上不断进取、扎实工作、甘于奉献，为实现全面建设小康社会和中华民族伟大复兴的宏伟目标贡献自己的力量。

清华大学

2009 年 11 月 13 日

清华大学首都国庆60周年庆祝工作方阵总队关于表彰优秀组织院系、优秀教练员、优秀队员的决定

在首都国庆60周年活动中，学校各院系精心组织广大师生积极参与，方阵教练组科学高效地安排训练工作，方阵队员积极主动地进行训练和演练，涌现出一批优秀组织院系、优秀教练员和优秀队员，为方阵总队圆满完成任务做出了突出贡献。为进一步弘扬参与人员奋勇争先、敢打硬仗、能打硬仗、争创一流、无私奉献的精神，清华大学首都国庆60周年庆祝工作方阵总队办公室决定授予机械系等12个院系“优秀组织院系”称号，授予谷振丰等8人“优秀教练员”称号，授予杨璞等1250人“优秀队员”称号。名单如下。

清华大学首都国庆60周年庆祝工作方阵总队优秀组织院系

（共12个）

机械系	精仪系	汽车系
电机系	自动化系	工物系
航天航空学院	物理系	人文学院
美术学院	工业工程系	软件学院

清华大学首都国庆60周年庆祝工作方阵总队优秀教练员

（共8名）

谷振丰	孙晨卉	刘　刚	易　瑶
冯元元	郭婷婷	邢高熙	王金峰

清华大学首都国庆60周年庆祝工作方阵总队优秀队员

（共1250名）

名单略

清华大学首都国庆60周年庆祝工作方阵总队办公室

2009年11月12日

第24方阵（科技发展方阵）人员名单

马腾 朱天舜 王才懿 魏青松 贾雷明 刘博晓 吕瑞辰 刘志强 张瑞峰 王宇 韩斌 田悦 李春永 章志斌 张健 张鹏杰 孟永党 王涛 李昊 周欢 赵博 韩惊龙 华健
任斌 宋成龙 洪达 刘贤 杨明耀 任凯强 黄奔 宁涛 高松 杨颖琛 郭龙飞 于方洲 董涛 林荣华 连小童 于新辰 于鹏 白文韬 安多 王旭 许海龙 张维武 管洪杰
潘盈 郭城春 黎军 薛超 刘东 崔宝龙 苏醒 戎戈 李明琦 郭伟 王硕 房坚 付希明 罗治福 许剑 谷振丰 沈志远 李杨 邹雪晴 孙晨卉 王超 王小龙 吴艺英
王理军 李静龙 李晶 蒋海明 韩金华 付祥 王江 汤达 栾红志 刘天鹰 李乾 王斐 李宗城 张金海 李思维 李洋 张智 辛宇鹏 张逸飞 林志艺 程帅 王明轩 潘必胜
杨惠中 王泽华 赵思言 张众垚 洪跃镇 孙剑 薛辉 李龙 刘刚 陈融冰 肖帅芳 张少军 陈小猛 闵夫 杨璞 刑国卿 浦仕显 张丹 赵宇伟 王彦哲 万安 姚运志 邵佳航
李青山 王世光 汪玉 张耕砚 闫阳 李圣龙 肖尧文 齐伊宁 王博 张艳艳 袁桦 朱文静 刘玉洁 邢燕飞 赵俊韬 苟斗斗 赵晓杰 杨迪 谷蕴泽 池冰玉 张媛媛 支实 赵欣
路阳 徐劢 黄光兴 朱益萱 李小丽 周强 吴朝国 许彬 蒋晓镭 李燕伟 赵勇 付翔 杨旭光 刘昊 周路遥 刘立峰 孙洪生 李海涵 刘海蛟 樊鹏 刘辰辰 徐晓舟 焦剑涛
高鹏 魏楠 邱磊 郭鹏 李鹏霄 刘喜佳 林森 张守柱 赵同煜 张宏稷 杨龙飞 解斌 王建宇 张晓明 刘洪全 高寒 刘波 鄂炎雄 尹玄武 张雷 陈国峰 李古月 罗吉
尹征 周将铭 高艳涛 陈振睿 方洋 付荣 华行宜 刘昂立 刘璐 汪一聪 王梦娣 王宇 虞宙 张秦宏 卜莎莎 陈召群 郭泰 李婕 孟维思 乔恒 宋杨磊 徐舟 杨骁
伊帅 张超 陈佳薇 陈晓智 董丰彦 冯祥 金融 康咏 李栋 刘硕 邱卫华 谢雨 张泽琦 赵瑞祺 宋良多 戴扬 李晓钊 刘鹏琦 唐韬 王诚斌 张瑞 王宝慷 晋瑞锦
郭放 李承明月 张全胜 黄超 孔惠东 王观 宋璟 吴志宏 段传凯 庞祖富 颜学术 赵拯 潘灏 毕来业 王晓初 周于 郑天祥 张云亮 王金昊 蓝丽娟 樊稳婧 马冬晗 刘慧
王超 胡世煜 孙钰淳 阮勇 邢飞 侯欣楠 王帆 赵颖春 赵煜 裴茂增 杨丽丹 王伟方 严斌 顾文熙 蒋毅 田宇 孙香政 马明 杨建中 杨怀栋 曲子濂 蒋继乐 刘大炜
马陟祚 张锦杰 赵岳生 陈谭轩 廖传军 孟家富 彭瑜 龚涛 施清平 牛希泉 王磊 温承华 王仁彻 孟凡伟 许亮 李建华 李永健 张正杰 朱修锐 徐宁汉 陈涵 陈华明 符晓勍
李方 李刚 李明钊 梁斌 隋清华 王蒙 王枭 徐一夫 布仁 陈钰琪 程熙云 高永丰 高原 吕无双 潘杰 谭健 王传宇 杨江 叶伟智 张珺 郑闽皖 常丹妮 贺吟涓
黄惠 李子尚 刘燕锋 石妍 王飒 余海涛 吴云 阚辉星 雷柏茂 李冠华 闵伟 孙欣尧 封贝贝 白蛟 陈彦翔 陈云汉 戴呈 康健 赖士刚 潘晖 杨春毓 游欧波 袁雨辰
曾悦 陈奕钪 李松旻 李腾浩 王世玮 魏佳楠 杨永兴 张磊 孟笑君 杨全 徐世真 王宏伟 周全 张强 胡玮玮 权美兰 王睿宁 王莲 肖云妹 许丹青 高凯 穆太江 王林福
詹同宇 彭涛 蒋万春 唐晨 万波 杜旭东 李鹏 王秋平 左小龙 巫进良 王太红 段瑞安 尹斐然 陈朝松 缪钧玮 周勇禄 吴玉常 赵云鹏 冯时 张月光 龚宬 张一天 郭旭峰
高旸 刘淙 于乃通 陈志远 张越 尹斐 郑伟 杜诗扬 徐维章 孔祥欣 沈一峰 赵云鹏 徐霖 黄棱潇 谭叙 苏洲跃 李靖 杜松沛 李凯 李亮 付勇 吴登 王鹏
刘挺 倪涛 张小平 杨庆燕 刘娟 张慧 张荷花 李雅哲 赵立 周莉 王忠宁 黄宇 庄名洲 康延荣 张海翔 沈世奇 刘荣吉 万海 康石 李理 刘家骅 邓塘建 张闰华
林会杰 孔直秋 王智愚 刘碧洋 张世闻 张军 王璨 张昊辰 李钧 刘志友 张逸嘉 张冠群 陈新雄 卢玉清 许焱 曾红飞 杜佳洋 冯小平 任继荣 杨光辉 刘国义 刘永利 曹锐创
李沐洋 王宇翔 刘一诚 伍宇昭 安中昌 柯武峰 王伟 孙宁伟 尤俊彬 高春阳 崔翰星 何孟虎 邓宇 刘富荣 周婷 李艳杰 王庆华 方子文 白林亭 陈绍毅 吴博 廖剑晖 毕研强
罗炯 赵颖颖 童崎 李振海 韩若冲 吴蓝图 徐永超 王翔 黄振庭 贺良鸿 杨鹏飞 范立佳 曾祥远 李金光 刘畅 蓝善清 宋枭雄 潘春雨 王贤宇 施徐国 计自飞 柯旭 苗志敏
王周宇 刘立祺 郑有为 马强 毕文平 蒋挺宇 许扶 张朝晖 曾庆 徐钦炜 孙振生 李博文 张衍涛 张兵峰 胡强 师东 唐斐 韩伟 郭少冬 孙大鹏 张健 郝瀚 陈睐
张晓伟 王方 陶永康 高岩 穆玉良 曾安徽 常冠男 刘科 张放 曹东晓 唐吉思 杜磊 刘劼勋 黄俊 林亦律 罗梦 任晨佳 谢嘉裔 刘岸雄 霍飞蛟 郭中衡 徐秋雨 杨义忠
冯旭宁 陈杰 张大龙 张旭 章雄 曹大林 范良明 张磊 郭川 金磊 杨帆 韦星顺 赵赫 虞辰霏 魏庆 胡经耀 兰雁飞 樊彬 夏甫根 徐文 陈海红 陈睿 叶逊敏
张鑫鑫 邹宇琦 仵千里 曾文达 张婉婧 张妍懿 曾夏 李彪 张桂才 吴履伟 罗逍 卢勇 林成涛 袁星 代向升 江青云 帅志斌 曾祥瑞 王宇翔 塔拉 王涛 李凯龙 汪陈越
孙振宁 丁武文 宋明亮 魏继卿 田源木 宋保江 李瑞 吴碧芬 何海龙 朱成 李晓祥 孙晓宇 杨小雨 郭栋 张祎博 刘亚飞 刘文杰 胡博文 郭永翔 张韵 蒋浩龙 王元余 杨磊
许家晨 程思亮 徐成 李昕晏 刘徐 张晓斌 霍舒豪 蒋一洲 丁永前 唐宇 胡骏明 陈植 黄思源 封亚 葛昊 葛喆 郝轩亭 何健康 李沛雨 梁梦洋 马晓彬 王弘斐 张一弛
张诣萌 郑博铭 周华 朱波 苗丰 易志成 祝瑞 孙筱 郑姝影 毛晓晨 吴泽昊 于瑞 张昕 揭小凤 崔光海 刘峻宇 傅隽声 张晓川 陈天雄 楮英男 李姗 贺鼎 林超
王瑾 江慧彬 邓博文 许琛 徐扬 沈锋 李鲲 褚成娟 肖璐 曹梦醒 薛琳 张强 韩晨阳 刘雅蕴 李晓岸 万涛 刘芸 杨柳 王健 刘芳利 成心宁 赵婧贤 姜文婷
郗崇霄 张琎 周南 廖凌云 宋宁 朱琳 赵东旭 吴同 邢腾 韩凌宇 宗沛进 蒋春雨 林明信 田昊 王秦鹏 张崎 刘乐群 江晶晶 李卉 李梦颖 程浩蕃 王者 庄少阳
蒋凌飞 丰晓航 郭雪扉 李崎 陈铁军 裴胜利 戴晓业 赵文瑛 卫康斌 刘永传 郝玉扬 路明标 张玉诚 张超 周媛 桂毅 孔成栋 宋秋 刘鑫 武晓伟 梁磊 范波翔 李元元
毛树林 余景文 孙跃昆 李明磊 钟迪 杨东 孙奇 沈毅 尹炜迪 靳星 魏文聪 李竞岌 王仙茅 杨旭 徐超 刘志 周栋梁 王阳 张志昊 马涛 李庚达 员盼锋 杨石
李艳 郝添翼 刘超 田磊 胡珊 汪玉宏 夏广涛 董毅 荣虎只 陈守朝 李桂英 黄媛 黎彦彤 谢朝霞 陈燕芬 朱琰璋 方闻昊 段宗宝 吕宗伟 于真泉 钟建伟 周景萍 林月悦
李玲 陈秋虹 王思萌 江发文 欧阳斌 刘海洋 张可 徐振阳 丁戊辰 吴学雅 杨俊 廖望 刘翠 刘江洋 范诗涵 李戈 何巧时 付舒 刘畅 袁伟平 杨舟 王珂 李兴安
胡啸尘 黄月 梁辉 张俊峰 田璐 胡志睿 黄俏 童良 徐西泓 张卫华 田伟 王新河 司健 温潇杨 李科言 焦阳 袁洲 张烜 陈鑫磊 黄强 王晴睿 施舒哲 李杰
赵二朋 贾继莹 谭志君 龚利鸣 熊伟 江玉荣 林博 陈宏 邹婉如 张子龙 魏腾鹏 索冠男 霍天成 梅家成 刘品 冯帆 石姝慧 陈挺 杨有为 侯炳旭 刘政文 双珍珍 韩亦沫
吴兴盛 张晨飞 茅卫红 田密 汪建翔 侯广东 王旭 杨振华 常冰 段典达 温哲 刘聪 何建军 陈硕 李瑞 罗宇轩 安东生 尤珠璧 黄达 刘书昊 秦红伟 程骥毅 王司瑞
高思晨 曹伟华 唐虎 刘信言 蔺琳 陈奇 李明夏 霍岩 陈晨 闫传博 魏华卓 穆北鹏 秦俭 刘宇驰 艾晓冬 马晨光 刘阳阳 叶亘之 阮素蓉 周昱瑶 赵昱 钟贵廷 雷彦哲
刘磊 杜睿洋 谭鹏 令狐昌海 贾卓 李灵坡 刘玮 闫循石 徐菲 刘浩 戴远辉 宿云凯 周彧 栾书平 刘莉扬 陈莉平 李莉莎 张长开 魏宇平 林坚 杜剑 陈忠焕 赵薇薇
亓鲁刚 陈宸 蒋云鹏 高小永 骆怡航 张建良 王哲 刘彬 孙武峰 柯长博 徐长波 鲁伟 何博 胡春华 徐琨 王超 方飞 杨华胜 褚洪洋 崔鸿飞 戴福鑫 王峰 孟胜彬
靳骏奇 王泽元 曹萌 王新哲 齐少璞 王鹏 廖鸿宽 康鑫 魏永春 史晨 杨铄夔 蒙佳 谢文章 范凯 黎岢 李红 樊星明 王强 冯丙辰 岳晓光 郭东亚 韩昆 吴祖河
蒋均 徐萌 陈杰 李晓竹 李延武 劳成龙 安向超 李飞 张志宇 黄治江 缪陈龙 黄孟 刘怡林 白宇杰 胡彪 孙燕宇 于淼 张瑜 杨子龙 杨军 熊章辉 郑保军 吴昱城
范敦煌 应振根 张卓华 马豪 钟昆 杨武力 魏翰宇 颜达鹏 许小龙 陈林林 王刚 石向阳 邢政利 黄展常 殷通 张林 宗志恒 李岩 傅楗强 乔峰 汪勇 吴益鹏 崔尧
郭键 金寿鹏 赵江滨 李腾麟 乔鹏瑞 袁科亮 柯锐 石西森 王佳明 何兵 陈羽 焦鹏飞 李钦蕾 李光锐 陈上河 任信信 张振 于鉴 李宇男 赵鲁宝 徐学山 魏宗岚 马伟
李权 姚浩田 张进荣 周迪 余婧懿 李永华 张翼 蔡东阳 陈兰芳 周宇宁 刘华 孙甜 张倩 梁君健 郭亚强 朱少军 李云 付恺 严瑜 陈之琰 董远溪 杜艳菲 刘响
曹晓阳 马迪 王风潇 娄磊 阿依提汗·吾拉孜汗 陈弘毅 胡蝶 黄静 霍晓 江雪莹 于淼 付光磊 刘茜 陈琴 孙宇 郭伟松 曹媛 陈宇轩 谢晓怡 刘菁 赵聪 张翔宇
苗瀚文 周璇 孙超 董正刚 冉光沛 陈默 马晓栋 李伟 腾铁超 钱天翼 潘洁 苏立楠 张弛 马辰 张永岗 刘京雷 黄肖山 朱立人 王倩 李翔 刘芳华 郭喆 李文骏
翟承耀 方滨 任仕廷 李晓康 李晶晶 陈景媛 杨畅 曾雪 李昂 王骁 徐颖玥 曹淑静 周际 周钰 黄寒月 周正韡 宫恩浩 陈尉轩 鲍小凡 周玉莲 梁广宇 李娟 顾炜
周唱 王鹏程 曹琳琳 陈晟耀 陈曦 陈颖茜 方官品 干霖洋 高秭玥 谷鹤 韩波 贾丽杰 李珺芸 李鹏 李硕 李思妤 李宇超 李月 廖蕾 刘玲 刘晓晨 孟琦 秦韵
孙喜梅 王聪 王洁 王维嘉 吴飞 吴建平 向佩 熊娟 徐驰 徐佳晨 闫健斌 杨光 于晓晨 张浩林 张洋 张云霄 赵晗 杨绍镇 李方怡 倪佳君 林文琛 郑冰 邓奕红
杨洁 迟小莉 艾晓燕 曹魁 罗茸 李培馨 邹宇 仲伟 蔡淞岱 张继波 金磊 徐立平 荣立松 张林军 袁浩歌 张天司 陈翔雨 程浩 朱浩 高晓丹 张冉冉 黄迪韫 金萌萌
向威 张安琪 刘俐 綦静 田梦源 朱晶 李媛茜 戴枫 付阳东 周翔宇 郑祎铭 张小楠 刘光宇 王帅 匡南 盛科辛 祁滢宇 孔睿 吴璐伶 汤晓燕 熊梦云 张璐 蔺凤娇
郭瀚洋 徐宝宏 任燕飞 贾春荣 闫聪 刘丹迪 祁岳蕾 楼键 袁淑颖 曲航 李笑彦 杨松 朱子明 张炜康 杨晓松 雷鸣 顾劼翔 张中鑫 张志 段春敏 任霄泽 郭润 朱婕
马李兰 刘梦驰 邓悠悠 徐晗 陈印 李乃宸 王正宁 马骁 姜亭 李超 王念 宋志豪 段力滔 王建龙 冯明 卢琪云 王吉 崔志利 王永强 李扬帆 刘震 熊鸿儒 由磊磊
陈丽 李颖芝 刘洋 邱晨 董越 梁杰 高健平 雷健 李桂杰 刘振捷 许银丰 朱林 王一伦 周冉 高洪志 张力琦 崔灿 江斌 毛思锋 陈双龙 马冬昕 李伟娜 王松
谢矜 汝鹏 陈俊 宋玮玮 唐娜 药宁 李海明 龚梦洁 范世炜 马健铨 陈源 董银玉 刘妍君 马伟 李延凯 李扬 周博 倪前银 郝朋飞 杨阳 左宏伟 徐宇 祝叶华
李款 盘登芳 周树勇 钱伟 王鹏 王丹 黄贤坤 王国芝 余少杰 刘国舜 迟骋 何佳 王娅琦 昝青峰 倪晓理 黄震雷 唐姗 张放 马平川 张林 韩玉臣 聂金峰 贺旭
赵屾 詹浩强 马文长 王希 陈睿 于文轩 贾文昭 李勇 沈磊 王宇 施耿超 方斌 李旺 杨彬 王楠 杜镇安 程云峰 代宇涵 丁楠 彭澎 苏志毅 李燕 李谦
齐正 赵雄光 陶芳波 赵翔宇 叶聪琪 季震 甘颖 庞韬 赵妍颀 张艺明 陈城 曾丕江 黄猛 钟如意 张轶博 肖宜 颜彪 赵菡放 宋辰晨 董博 彭俊春 刘兴栋 叶键民
万树伟 马浩 陈光 金雷 周雍杰 蔡贝 黎博 贺璞 王斌 施春华 李俊杰 汲国强 赵峰 姜鑫鑫 沈伟 许寅 康庆 李忠亮 郝宽胜 曹荣刚 兰江 陈建华 范昭楠
尹璐 姚四旺 王晶 白翠粉 高志刚 王强 龙望成 郭彦 盛爽 雷一 林圣耀 童允 宁剑 袁野 张曼 龚晨 王玉君 邢义波 崔盛辉 戴梦婷 陆海应 严金俊 赵聪
江海昊 陆海 黎向阳 胡亚荣 曹子健 曹宇峰 李杨 吕志强 王程 林育艺 栾春朋 李广滨 杨韵 李白 张雨晴 胡憾石 靳夏宁 吴颢 高戈 王铁柱 谭广飞 石桓通 于心宇
刘大千 章涛 文超 耿照为 周杨 刘海东 邵明松 王也 刘静琨 武晓堃 于松泰 陈刚 殷翔 万如意 巴燕·巧克提 唐村 侯嘉斌 李振 苏鹏霁 宋湘平 苏铧烨 汪铭瑞
黄诗雅 陈政 陈涛 熊虎 黄琴凌 朱金金 刘信一 柳娴 马进 覃著祜 雷扬 徐碧君 陆海天 李绍辉 肖小俊 刘楠楠 韩向锋 秦冬晖 胡瀚 熊姿 戴曦 范丽霞 裴志阳
郑燕华 熊俊 曾一名 张康 李明证 孙书东 卢敏 韩宝灿 王相杰 郝国栋 杨松 辛培常 徐馨叶 丁点点 李抒航 周逸夫 李功强 田甜 崔娴娴 伍伟萌 刘睿越 田姣 高登科
郝赛 徐子童 封彤 邹鹏 赵倩倩 张书泓 郑可 夏晴 杨俊岚 吕正伟 王婧 谭颖 刘珊珊 曾丽思 毛晨睿 王昊辰 彭意璇 蔺明净 朱盼盼 张一璠 张雪娟 庞雨珊 崔妍姝
梁浩 陶鑫 史泽尧 黎昊 王仕禄 马瑞捷 裴振宇 王宇 李天琦 曹冠男 张洋 徐东军 梁佳超 谭建明 石俊峰 戴西 王明青 刘洋 尹家鸣 周航 杨钊 张震 李白

高云亮 石二军 陈瑶 夏晨曦 宋茜 郭青 闫坤 何为 冯祖光 宋晨 詹方圆 刘派 刘德坤 周剑 熊丽娟 王晶晶 申旭栋 邵馨远 周媛媛 李奥 何海荣 孙思然 曹云
于洁 王熠 张黎 刘思思 周林路 朱士强 彭峰 王世千 张立国 田君 贾明玉 徐中海 郭旭东 康岳桐 张义恒 艾晓妮 孙秋健 程国林 陆跃翔 陈君 居佳 王阳刚 于冶萍
朱伊娜 何磊 刘会敏 陈宋洁 陆居有 张奇 陶然 谢思佳 王聂君 王旭冉 杨立宸 安广宇 张凯欢 韩朋 康燕 谭欣欣 王海鑫 蔡昊钺 贾磊 张艳东 尤伟 王鹏志 孙龙
赵爽 赵澎 冯璐 王智 袁斌 张霄 周航 张皓 李思超 庄琪琛 赵小卓 周昊 周寰 朱谟憾 邹国伟 金涛 陈福璇 张建伟 陈盐 陈月仙 丁豪 房烨 高佃芳
高艺 胡索荣 黄斌 蒋小可 彭凌 李春伟 李远翼 林建立 林曦 刘新宇 刘玉凤 刘玉强 吕剑波 聂志 潘宇频 唐盛冬 王可君 王前 王清华 王帅国 王益斌 王迎新 魏争光
吴陈沭 吴琪 徐鑫 余飞飞 杨运远 张莫 张硕 张惟师 章晋学 章陆 刘贞富 向左潮 陈荡荡 谢凡 刘璐 何力 陶勇 石嵩 纪根达 张锟 王京 齐岩 兰景宏
步霄 栾民鹏 张永鑫 金鑫鑫 郝玉恒 尚世锋 刘深深 王濛 陈垚文 周建毅 黄勋 陈忠怀 叶楠 邓益平 张智翔 徐德直 王焕孝 韩旭 闫雪飞 石小龙 崔亮 张茹君 李祥
王耀 元升高 向飞 张庆湖 权思及 姜亚鹏 刘辉鹏 崔臣浩 宋晓虎 李存禄 袁欣辉 李林林 刘峰 范皎 张旭 付宁 王雁 邓俊荃 刘一鸣 方耀宁 易瑶 张官印 朱逸文
邹明桥 曹宇龙 冯海龙 李伟 吕品 卜凡民 陈宇 罗腾 孙巍 吴奋陟 闫秋实 张乐 张琴 周伟强 李高杰 陈蛟 武曹刚 王奇 李一 李昆达 李明杰 孙伟增 徐毅
屈宝建 陈荣清 黄柏兴 程卫红 周翔子 蒋国华 马晓伟 曹海韵 陈必光 冯善文 金飞飞 林错错 陶立 王明强 徐嘉 臧崇晓 高鹏 姜怡名 柯永权 孔郁斐 冷彦松 李翔宇 刘鹏飞
骆云龙 陈晓滕 吴刚祥 都毅 徐克龙 杨皓 张波 张渤钰 张文言 谢謁 田川 陈松贵 王丽珍 韩煦 陈新 耿晓婧 王爽爽 孙庆雷 曹洁 李炯婧 王晓玥 肖绪青 龚榛
岳煜斐 杜婷 林政 尚倩倩 朱霜叶 何小刚 王君 刘秋林 李婷 郑珊 张立红 黄勇 赵恒光 王莹 王丽新 柳春娜 吴琼 张湘潭 林森斌 费明龙 姜晓明 刘春泽 黄海
梁宁 孙烨 张紫涛 张传虎 何康茂 张云龙 李辉 宁政 刘星 袁尚南 吴永康 闫冠臣 周扬 杨磊 林旭 罗伟韬 李威 葛啸 王文雍 许文肇 庄锦洪 杜建廷 吴辰
孙昊天 梁识栋 郭秋萍 张弛 黄黛诗 吴林蔚 向熙 刘翼飞 张培 黄夕春 黄浩馨 谭全银 戴春燕 尹倩 李扬 陈靓 朱迪 路平 黄韵清 郑括 马庆华 杨天 何正旭
张丽捷 丁一 胡月 王雅娇 龙翔 黄泳锋 俞敏 周丹 张博 尤鑫 周伟 肖达成 伍金伟 海日汉 杨海 翟显之 陈润 岳溟伟 杨宁 鲍晨骏 柯文伟 洪朝鹏 戚圣琦
史文博 宁雄 杨超 吕宝磊 杨程 侯雷 范仲 常化振 何银山 祝捷 车晗 方舟 胡川 周诗颖 吴绮雯 陈海锋 江大发 吴健 胡荣伟 邓金华 王梁 鄢载云 许星星
朱贤斌 张坤 赵福泽 王雁启 郑晓庆 纪飞 李晓阳 王晓宇 邱志雄 曹彬 乔东洮 李艳军 张芃 孙欢欢 李轶非 李忠林 马明星 郭超 吴健栋 杨冠南 刘柱 林晓晖 李金玺
申辰 陈泰全 刘洪冰 陈曦 邵珩 潘浩威 赵严 苏嘉赓 周文武 杨明昆 欧阳良琦 唐俊 李克俭 马浩文 孙霓 宋振宇 任崇宇 邓炜兴 孙杰 丁超 尹航 蒋博智 胡潇
曹永友 谷雨 郭宁 张睿善 杨程 熊曦 朱文亮 黑生强 张莎 朱晶莹 余波 范永生 徐冬清 张念 章莉 张雯 潘晶瑾 颜晓珊 兰玥 王澄谦 李英儒 覃涛 陈国安
申锴泉 李加波 蒋良虎 梁菁 李威 郭强 刘平 陈子熙 胡杨 林心婷 宋源泉 史肖宁 王德源 李虹禹 赵中令 王靖 李佩龙 程冠之 刘辉 李庆勋 王晓琦 孙尧 李舟军
徐鹏程 林木 李承昭 吴伟 邢磊 王少胤 郭澄龙 刘建权 刘业飞 陈艺章 许鹜然 董鹏飞 戢欢 夏阳 曹晨熙 何帅 尉文超 王秀梅 徐莹 王素梅 于海宁 曹译丹 徐婷婷
殷鸽 乐国敏 袁悦 曾燕群 王佩琪 袁礼新 轩阳 王明波 魏岳腾 程海山 牛耕 许峰云 张晓泉 李文韬 顾新福 高古辉 程亮 赵昕浩 赵蒙 尚光远 於晓亮 申克 宁帅
皮越洋 纪世玮 刘凯 冯雁楠 虞靳 曲建州 陈崇 张佳佳 杨广 黄雪飞 薛良瑞 信迎春 林凌剑 黄雨 蔡坤鹏 刘荣正 罗开双 程波 关玉函 孙伟 王轲 马亮 温宁
黄智 张宁 赵慰天 王龙泽 陈志杰 林木 刘裕 孙玉华 徐丁点 于丽君 袁志会 陈刚毅 陈孝伟 董成 梁恒 刘辉 孙斌 刘进 许丽 鲁建 杨牧之 倪庆文 张超
郑双超 薛纪晔 李国胜 尹翼风 王险峰 黄晔辉 崔卿 郝艳军 贺茜君 蒋扬 邵沛文 申爽 孙望儒 许有磊 魏青 陶然 文晨旭 王波 陈明 官辉琪 黄智杰 李野 门良杰
佘睿 张鹏川 李晓龙 翁方龙 黄煜可 靳宛君 聂天田 梁靓 周思辰 鞠阳 陈梦雪 陆琴 吴永成 李骏 何建聪 浦月 高原骏 王双雨 董帅 陈山 赵睿 周亮 魏宇杰
李麟 刘建 贺炜 王蒙 邱磊 杨泉 闫方明 周伟 任奇一 王跃华 梁正发 仝贺 张沛 王瑞鹏 石辰威 田超 常用强 杨文辉 蔡宏恩 王焱丹 彭汐婷 王卿 舒蕾
邓希 朱赛梅 张明明 徐砒 许甜 吴晓佳 贾沛涓 傅慧琴 李碧玉 孙黛 李晨曦 袁蔚俊 孙思展 郑亚捷 王锡钺 区敏芝 张馨心 单小东 邹胜奎 李秦宜 赵维杰 牛健 宋洋
孙晨 刘值 谌普江 王连接 程芮 陈术 范桂锋 张永昌 鄢驰为 高同川 周智伟 黄红选 李四维 赵梅 甘霖 孙志刚 冯研 吉倩倩 贾雯 于然 殷崇勇 谭洪贺 欧阳鹏
朱文平 张琦 姜汉钧 周佩明 李筱迅 程晓旭 刘力源 彭平刚 张树超 张明明 胡杨 邵吉刚 王永攀 康登榜 刘惜吾 刘会娟 苑朋朋 钱建琴 张敏 刘源 王晋雄 孟庆东 蔡小波
徐恒杰 周子啸 肖静 滕达 涂奇雄 吴佳 赵玉瑶 焦晓萌 尹明 卢鑫 朱利军 包汉波 李盘盘 卓慧莹 任彧 王丹 于云 杨昌宜 朱佳 邱学忠 徐阳 梁爽 郭启航
韩晓敏 杜超 袁帅 陈雷 方嘉锐 杨辰光 袁浠卉 张莹 朱雯 张炳锋 袁家骏 戴晨旭 闫博 王洋 陈水平 周宇杰 朱克明 姜逸卿 佟悦 钟明 于漠南 袁怡潇 余贞富
刘娜 吴筱君 毛茅 赵妤婕 陈兴 丁宣升 封万程 符皓然 国文姝 胡易 贾升赫 蓝晴 李健桥 廖晨 廖珂 林路 吴海东 刘彬 刘少军 楼佳妙 吕曦 陶健平 陶玉鸣
田野 王向川 吴梦春 应宁康 李斌锋 喻伟伟 胡欣然 林笑 胡杨林 黄一潇 于果 吕臣 宋文博 杨朦 朱庆红 何鹏 张新宇 史鹏程 陈伟 由凯 刘成宇 丁旭 杨波
沈远 谢源 薛继国 郑欣良 陆庆峰 叶进 曹冠楠 王超 王凯玉 黄万荣 唐亚慧 谢永超 覃晨 陈强 吴海军 张培杰 张亚楠 关鑫 梁轩 刘钒 黄蕾 邢东旭 沈勋
范航 陈苏宇 孟轶男 严浙 张乐 庞春涛 刘茹意 陈建伟 罗中书 肖飞 吴艳林 袁玉凝 王伯川 侯融 汪大林 詹翔宇 章晓玮 朱梁文轩 李敬国 陈宇新 彭春丽 袁丽萍 李运猛
赵军生 曹成程 胡朔枫 索世伟 刘佳黎 张五红 曹友旺 高建兴 田元春 郑永平 杨亚俊 纪建民 张开存 杨长生 荣键 霍太平 张子光 高党寻 田伟 刘钊 华晓京 杨敬华 李伟民
朱仙元 袁浩宇 赵安然 王清晨 王宇 赵淳 唐浪 王俊华 戴双春 于涵 胡和平 史宗恺 王岩 杜汇良 武晓峰 赵洪 过勇 张其光 于世洁 吕冀蜀 王世明 刘强 凌云
曹钰娟 林成涛 魏晶 张超 向辉 牛犇 方能炜 王和中 孙伟 李泽芳 熊剑平 汪曙光 李春秋 张淞云 蔺庆春 徐立 孔钢城 刘爱琪 梁宇红 朱怀宇 赵钟楠 刘满君 唐家渝
苏昕 佘顶 吴敏洁 闫聚群 董智 王文

“广场联欢”人员名单

曹悦 周舟 张璐 丁华杰 尚生峰 章文来 林文义 田野 冒星阳 孔丽云 袁芳 刘稳文 邢建伟 邓杰馨 周洁婷 吴丽妍 林朋飞 陈子砚 赵文龙 王朝霞 吴文婷 李若绪 薛佳伟
夏帕克提 沈诚 张小川 黄亮 姬佩君 黄孚 张娱 崔杨杨 田浩 曹震 冯冰 周源 李玮韬 吴胜 黄娴 王婧文 赵博宏

“广场合唱”人员名单

康博雅 厉基巍 吴道彪 程海帆 范哲 张首驰 李梦然 李金峰 王祖元 陈晓琦 王子腾 张天祎 李爽 王海波 童毅见 曹建勋 刘宇 徐克 林逸凡 李骥 侯晓朦 金舒静 石星星
周家欢 陈开霖 陈彩 朱龙飞 张铭丰 白云龙 魏怡真 杜函芮 邹秋筠 孙伟丽 苏亚兵 高昕怡 郭梦达 郭媛媛 吴艳艳 王佳 郭枫 夏雯丽 柳磊 王紫薇 张玉峰 任艺林 袁园
周拓 杨云昭 许浩 梁晗 宋曦曦 马伯乐 李莹 陈轩棋 胡瑶 韩淼 詹逸思

“复兴之路”人员名单

张博 万君哲 张欢 刘婷 郭乾坤 汪宁 翟善龙 王雪吟然 何逸群 罗园 王小雪 吴羽 王元佳 邹素瑶 杜钰 庞然 齐天宇 师帅 翟亚东 蒋汇 邱健骢 丛堃林 尹炯宇
杨洁 付扬 刘京宫 马添翼 茹嘉良 赵国伟 李凯龙 刘鑫鑫 宋馥璇 陆泓宇 陈润泽 毛雁冰 黄璐璐 罗子威 樊筱筱 董丰彦 匡古 盛骁 金鑫 李潭澈 高亦陶 赵宇 万杨
饶国兴 张成 詹宇佳 任启鸿 姚迎 林丽 韩朱旸 黄旭琛 李晴 沈宇丰 王潇雄 田露 李抒威 楼玉婷 王韬 韩笑 孙沁雨 黎力 吕遐 李家涛 马拓 查迪 阎博
李晨蕾 蔡丹志 曹原 贺诗萌 李小璐 孙博 李泽华 张弛 王莹 程雅菡 袁菲娜 林茵 陈伯英 冯晓硕 乔谦 彭羽 霍扬文 梁小梅 罗晨溪 于俊杰 邵仟仟 张娟 田雪菲
姚峻阁

第4A方阵（毛泽东思想标语方阵）人员名单

史宗恺 阳波 胡广平 郭晓旸 李梓阳 任鹤义 薛源生 孙虹 蔡珩 孔令钰 赵佩雯 朱峰 魏阳 张祎喆 王义鹏 曹泽熙 郝枫 张晔 徐祎雯 刘凯云 张熠 张晏慧 刘晶
杨思柳 杨昊 李乐 曾雅文 安格 傅晓暄 夏文婧 吴灏 孟欣杨 孙志佳 王世雄 廖泽略 刘劭原 冯旭 岳谱 周勇兵 兰舟达 杨洋 景岩 岳廷 杜汇良 杨林 张昭源
金峰 于锦涛 彭艺 景繁凡 黄莉 李宽 肖瑞 王凌 崔力文 化梦媛 张奕涵 王相卿 王江涛 李晓理 刘宇翔 高苹 王曦 卢炳雄 潘慧敏 杨涛 齐木熙 李佳徽 刘济帆
薛瑞文 丁鸿绪 孙孝奇 陈骏杰 于君之 鲁丰 周爽 张鸿 郭文祥 刘少军 曹正忱 邵启明 车赓 黄志雷 王津 王越 刘苏齐 唐昕 张春生 张超 刘今朝 李钊 李小龙
王前 栾超 张琪 祝家祺 薄文 王岱鑫 杨嘉逊 高通 王敏哲 王筱璐 江易专 李鹏飞 杨蒿翔 郑澄 周肇宇 赵威 张伟望 孙凯文 吕纲 吴谣 赵东阳 侯攀宇 黄剑秋
王星 刘一锋 戴彬 迟焕杭 丁小岳 张文瀚 何性峰 张驰 邹奕权 王笑非 于沛正 高时超 夏泽宇 张帼玮 于亚运 梅叶峰 王和中 王文 唐鑫 谷振丰 丁宁 李琪 丁昳婷
李伟 苏公喆 张怡悦 潘正道 孟璐 朱雨师 范颖 聂瑶 张梅杰 程珣 李遂彦 温柔 李川竹 付文斯 惠婧璇 周晗 黄森辰 谢欣恺 郑乔舒 王帅文 吴玉超 许雪乔 吕晓佟
黄心禹 彭帆 王丛 张镝 连宋剑 满婧雯 华阳 王建淼 蔡晶晶 赵世梁 丁中原 李梦琳 谢鹏程 何晓旖 欧阳沁 司志杰 李培旭 王冰 徐立 王洪建 朱宁 付侃 田亦颉
金雨浩 李亦欣 闪硕 高若飞 申沐坤 蔡思翌 董理腾 宋哈楠 张昊巍 程芳芳 魏静雅 李曼 孙宇驰 张金山 张天 袁武 姚扬 欧阳玥莹 郑安山 宗梦琪 张晨 刘梦圆 杨柳含子
颜枫 韦丹 刘俊 刘道生 王奕赛 李莉 杨曼达 丁晗 麦华俊 陈行果 姚国峰 贾秋阳 王松涛 刘宇 吴翔文 黄悦 蔡鹏 王鹏 刘世婷 林雨 张晨旭 费凡 赵书文
王静斐 王韧 郝镇齐 胡泽 鲁红杰 肖艺 曲海默 陈巍巍 陈坤垚 崔瀚文 祝嘉 满浩然 张宽 周涛 涂方静 蔡稼翔 王然 杨康 徐双 颜以诺 宋哲华 刘恒 康桓
甘鑫 唐子宸 刘麟汗 孙伯文 何熙 李佳璐 兰图 王天宇 赵保槐 李柯志 石岳 刘欣 武慧东 常捷 冯亚 邓陟 武雪原 雷宇雄 张楚楚 刘瀚文 李祚程 徐昊旻 杜亚希
谢诗航 林劼 曲永峰 邓超 陈政 谢奇森 向太阳 姚志博 李丹枫 卢毅忱 葛腾驹 邓羽皋 赵虔诚 傅伟 曾诚 李博岩 李明哲 周央中 赵唯嘉 吴昊 王晓声 冯天师 毛闻志
张延庆 王汉泽 岑雄彪 马莉 刘慕华 杜宇 孙鹿希 田蕊 胡斐卓 丁清扬 常国婧 张梦璐 崔丽嘉 黎静 杨溪 薛婧雯 何天骅 杨阳 何牧 郎珈馨 葛轶凡 焦萌 刘宇超
王琼 吴夕 纪雅丽 陈雪琪 毛佯云 邱田 葛怡宁 胡丹旦 徐鲁斌 周末 陈纳泽 张春兰 向倩函 黄栩芾 李蕴微 赵丽伶 曹迪 熊舒煜 王琦璞 蒋逵葵 张硕 张婉莹 马霭雯
饶薇 卢小溪 季午阳 王熙 刘洋 李婧宇 翁惠玲 丁宇晴 朱亚男 钟红霞 褚雪颖 戚亚菲 王燕 陈露露 徐宵寒 王健 唐尧 龚涛 陈进一 王思喆 廖理达 赵哲维 赵羽西
王思佳 王先泽 李世瑶 彭洋 周阳 鲁城然 刘亚旭 曹逸涵 郭宇超 王轶男 章里西 赵志洪 张旭 陈易新 李宗儒 李凯迪 向立 华以超 韦人 李仁宽 赖艺祯 史啸 楼淑颖
邵雯 傅舒舒 李佳蓉 陈晓雪 张祺 胡亦欣 万嫣蕊 王尽超 葛歆昕 古梦婷 杜华龄 艾孜扎·艾尔肯 郑稀辰 王璇 王静楠 崔依同 程磊 林逸骢 李倩 赵懿 高阳 李心与
杜娟 杨若环 张涵 刘宇宁 姚绎 易骏阳 孙英源 余天舒 陈汝枫 龙腾 刘庆梓 李林欣 杨东 康诗腾 赵毓 李侁瑞 王子谋 张昊 陆嘉伟 朱明原 张生泽 刘昱 李骜飞
郭泽华 盛心磊 欧阳书淼 舒轶 赵昕 朱江南 冯佳界 陈夏潇 敖佳明 王俊 高俊扬 杨威 魏华 匡玥 陈天琦 安韧 金悦 徐雅端 黄欢 王宇鹏 朱佳 吕喆朋 王晓珊
吴曦 杨世豪 马志远 戴自航 夏飞 熊一能 张庆 董华星 陈家林 孙安娜 陈洁蓉 郑晨 钟家冰 初众 徐晟洋 尹玥 吴彦臻 贾云姝 陈娴晶 王业 张哲伊 雷伟 翁少妙
邵光美 王兆洋 李鸿博 陈敬 仁钦卓玛 徐锦珊 华逸群 冀东星 杨思晴 陶媛慧 杨博君 侯雨桐 陈更 陆柳如 姚灵 曹舒婷 郁露 刘思言 顾萠杨 吴晨娱 黄雨珊 黄梦莹 杨雅昭
喻文昊天 张睿 徐明鹏 周禹 马长春 李肖迪 罗丹 吴启纬 贺熹 李恒 高尔文 吴田华 贾凡 刘洺彤 苗继尧 丁姗姗 李溪宁 陈轶骏 韦江 王慧敏 孙任重 袁舒恬 林柃均
胡思佳 张莹娱 高婧 侯尚轩 朱晨怡 曹知雨 贺云浩 赵健驰 王珊 朴星辉 李凌 李沁亦 王映怡 彭陈晨 谢萍 叶逗逗 周碧雪 符凯翔 程卓 吴沛凡 李沛九 朱韦康 巩凯旋
刘若旖 林蔚 刘开宇 王易非 郑田成 马思源 秦吉宁 李荼 琴琴 李梦帆 梁静远 金雪微 张梦如 宁夏 章婕 李婷婷 周梦隆 韩骏非 王翩翩 贺承达 金如林 陈斯祺 陈硕嵩
桂程 张恒 董永辉 赵心妤 闫杰 李灏 李元 梁丽帼 刘燕玲 伏佳驹 陈雪容 黎璇 马博飞 高尚毓 吴敌 陈骁 张健 庄可悦 刘家桢 刘新然 任婉馨 贺曦鸣 贾乐
周杨 蔡熠阳 程美华 曲秋樾 陈保华 徐金烨 郭静 唐莹 叶梦羽 林时宜 吴琼婧 夏露蟾 刘露瞳 张铮 王伊琳 王晓羚 姜昊骞 陈子骞 曹之静 常彦婷 陈玫伶 王苗子 汪沁雨
葛文扬 赵茜戴 丁茜 俞智婕 张凯凯 冯燮天 崔作鹏 柳弛妲 张殿龙 董亮 韩跃轩 卜嘉锋 朱昕岩 周中国 刘阳 范学丽 王羿霄 余浩昌 王古恬 梁迎亚 张思瑶 曹木 张凝忆
许哲源 吴明柏 杨政颢 廖新龙 蒋凯琪 张华西 殷婷云 张桂 金腾 孟祥昊 郁颖姝 琚立宁 王吉力 盖若玫 吴墨信典 吴俊妲 马文晶 王梓 王晓天 王亚浩 陈宇璇 李玫蓉 孙逸琳
葛裴美子 李金泰 郑晓佳 敖然 朴林虎 赵非齐 隋雁云 叶亚乐 廖思宇 雷挺 童林 陈寰宇 任俊宇 张璐 刘梦实 邓哲昆 王旭阳 刘芳铄 刘仁皓 刘佳瑶 林喆 张博雅 代羽萍
王敬舒 王芸芸 陈飞 赵波 谢梦晖 叶一峰 石坚伟 陈世奇 周戈 卜倩 柏佳辰 黄海阳 秦祎珊 蔡澄 顾湾湾 闵嘉剑 肖景馨 伍一 李昂扬 黄怡然 崔玉娟 钱健石 党琦
韩璐 郭明瑾 李秉璋 赵海涵 张莉 宋健 于新巧 黄志玮 尤若于 吴忠隽 潘琛琪 刘燕 李克琳 林立身 薛斐 黄子衡 张雨婷 朱超逸 唐海达 陆帆 杨晨曦 何材 李金泽
侯佳春 李权 董云松 翟定荣 王清礼 谢文庆 周晓鹏 万磊 宫大鑫 [illegible] [illegible] 马培铮 陶威锭 李鸿明 杨青松 曾加 么若阳 杨赛 刘益林 黄邦斗 陈里 郭博
赵眺 桂来胜 顾志勇 施礼 芮腾辉 冯伟 罗娜 崔莲 王亦舒 徐浩然 张茂林 蔡楠 王亨 王一戈 张桂铭 杨明昆 王达伟 张浩然 熊霄 许晓飞 王秋霖 蒋邓荣 杨超
彭堃 王道亮 张哲 冯玉林 杨宏宇 曹阳 沈淇 刘博 马剑 陈硕 王寿文 万林炎 董云宁 刘伏好 陈宗欢 张迎增 马添启 郭怀文 杨波 唐若 郭小峰 张晓辉 杜亚飞
钟秋 杨喆 周来 石人刚 张云 凤超 喻彬 孙青博 李兴隆 付德钰 高博 张毅恒 孙鹏辉 胡强 张博宇 黄金峰 刘生辉 肖国梁 李胜 邓栓 陈启启 刘诗文 张权权
苏晓禄 李佩 赵科 余诗墨 霍红辉 樊阳平 王丽霞 陈升 徐逸伦 姚骏飞 许敏 卓铸 张兆旸 舒茗 李祯 罗庭芳 杨冬雪 张力 熊明 潘建雄 陈博 苏收 张强
杨晨 赵千里 潘谊 李杨 李杨柳 吴藏余 梁爽 张丽莹 张梦灵 李凡中 刘业帆 刘畅 陈昱嘉 常悦 吴华丽 罗雨 周格格 杨璇佩 刘垚 王雪音 江子昂 金哲远 毛为
孙明达 茅丽卿 郭天骥 洪高浩 翟俊俊 李宝 王书悦 李婧媛 张帆 朱达 董吉男 张达 杨彦威 古欣 刘乐 马秋阳 潘岳 于畅 刘青尚 洪瑞 王鑫 刘月辉 刘蒙
赵雪爽 张军 罗潇潇 马睿 杨璐薇 陈南西 杜塞骥 孙勍 李亦然 管珺 王博闻 袁晓航 吴雨桓 陈安琪 王乾熙 张美惠 贺亮 沈逸雯 金依天 杨北辰 许诗洋 阎承琳 徐菀蘩
孙彤 宁苑池 陈诚 段春晖 崇昊 范菁 张奥千 黄祥瑞 陈卓 党凡 沈科 陈仕江 徐涵 徐昊 王子健 黄骁 刘家旗 马可 陈阳 陈然 郭小灿 吴东洋 唐剑
陈实 钟海华 仇小军 汪抒浩 丁鹏 吴汉钊 钟雨 陈波 李居政 魏晓萌 杜韬 詹韬 陈星丞 王若愚 邓宏琛 卢远勤 郭雨晨 孙文生 汪啸尘 韩浩 张骁晨 王颖奇 郭月琪
蔡冰玲 刘毅 仵超 李林峰 孟宏宇 毕仲圆 王舒雨 朱涛 于淼 李律 黄俊 蔡小英 梁桥 杭圣超 陈奕雯 洪卉 徐令君 王宏邈 石敏 钟雨芯 武健 冯涛 肖航
何陈勇 侯嘉敏 邸博雷 宋瑞典 王骁 徐毅飞 周佳俊 陈思翰 王一帆 任翊华 黄一川 贾健 金曦 王正阳 孙晖 黄昊 覃伟军 罗濬维 张兆旭 张慧 曾令玉 张瀚桥 熊欣欣
徐名刘 刘夕黎 王兢喆 管俊雄 唐婷 刘志颖 徐铭鹤 陈娉婷 杨海霞 吴迪 马润慈 王欣田 孙圣楠 范盟 张鹏 李春炎 陈泽亮 李浩然 丁瑞峰 肖正航 林晓春 冯立行 芦泽龙
熊雪 陆国成 钟哲晗 吕泉阳 田甜 赵证 王凯 林斌 邓奇超 陶涛 刘镇剑 袁波 张笑寒 徐超 王雨佳 申志豪 李敏超 张弛 张珑慧 于海童 严俊杰 张天侃 刘少峰
李耕耘 黄乾 陆路 初婧 赵海波 马强 罗宇 张铭洋 庞任重 钱晓栋 王家兴 罗铭 杜国伟 吕凯雄 张璇 罗亚雷 王涛 刘广志 马康 李路宁 胡玉东 徐志强 姜宇资
何智光 安洋 华钰超 李成汉 吴汉翔 刘雨喆 孙皖楠 张无央 金鹏 张程 董延涛 刘彧 罗海灵 王哲夫 夏晶 赵甜 张婉佳 张博戎 倪彦硕 奚柏立 陈镇鹏 周文潇 马毅鹏
王西蒙 娄晶 魏劭杰 吴现 李万欣 程振 韩永帅 艾鹏程 马瑞男 于冬威 高大亮 刘子源 李家哲 王银涛 邹美翔 章超 吴国溧 徐得珍 李龙龙 邱旭东 郭晓伟 刘庆宗 柯明
陈俊 王韵杰 白舸 张斌哲 王楚涵 王国信 乔振东 曾嵘 戴鹏 李莉颖 孙元昊 郭照阳 贾轶楠 韩琦男 贾楠非 陈猛 喻明星 许之琦 刘逸硕 符晓 刘逸帆 李木森 王雪
朴美花 浦卓韵 虞嘉怡 邱韫哲 刘灵燕 石先蔚 陆志豪 钟润婷 曹庆 王小娟 汤鑫 杨锦 刘子华 刘哲 张子雨 朱霄燕 陈涛 杨霄 郑浩 李炜烨 林汀楠 王哲 汪逸之
陈诗慧 陈昌国 王波 蔡势 杨林栋 黄志杰 周天骊 郭鼎成 巨鑫 徐之凡 李文昊 王紫娟 廖晓靖 石佩玉 鲁家琦 陶唯乐 万文典 王柔嘉 刘厚 宋禹君 吴彭 薛纪晔 孔琴
方欣 陈励锴 冯媛媛 朱易 刘啸震 胡先哲 叶宇 秦宽 方兴宇 钟伟杰 王之元 马健 姜寰宇 丁大卫 张施杭胤 张春哲 张潇 焦登娅 赵曦媛 张晓乐 李喆 闫文 赵晨
宋敏 林志民 陈炜 冯健鹏 陈雨 王耿耿 李问伊 忻隆 宋华晨 杨耀青 赵玉文 张铭 赵笑阳 秦川 胡家烨 刘琳媛 李昂 任群 于梦嘉 张正皓 石欣雨 程璐璐 陈颖
徐鑫 赵文腾 谢潇宇 杜缃源 施云川 胡瀚林 周益辰 何翔 牟浪 谢悦 杜南 王琛 罗凯 王思雨 蒋美磊 李奇芮 樊星 张云水 张焰升 王啸哲 胡东文 李广 乐鹏宇
沈园园 吕宣涛 程经睿 王婧 叶培臣 于昊 车子良 郭家胤 盛文龙 杨光 刘烜炜 杨筱茜 孙天笑 马秉楠 勾志君 黄杨 王家福 王敏 常丰祺 徐特威 师喻 张洪财 张鑫
胡天骐 张帅 陈宇恒 李铮 林业旭 常昊添 石鸿哲 刘动 焦锦 乔骥 陈宇沁 杨朝翔 潘昭光 张哨菠 李欢 张思远 林文森 顾泽鹏 马玉骉 檀宇石 于江晖 郭金鹏 陈翔宇
倪江 程昱 陈楠 郑伟业 刘师卓 孙伟乐 刘程 杨思路 林炜譞 黄宣睿 江一帆 李施 张雨津 雷傲宇 戴远航 王旭东 许慧慧 黄杰 谭振龙 孙磊 韩冰 亓立博 葛怀畅
杨知方 赵博石 赵玙 李想 韩金池 周新磊 刘华 王明渊 袁华蔚 杨若鑫 莫江华 肖书阳 李彦贵 蒋泽宇 杜尔顺 阎志鹏 张云霄 雷云泽 袁鑫 关哲 孙昕炜 陈昕 耿歆博
丁健民 冯光雨 刘新萌 高亚云 吴敏欣 田亦林 李婉璐 田菁菁 薛芬 吴健颖 李馨玥 曲昊源 冯华 孙冰瑶 舒德π 丁一 秦时月 马帅 燕妮 金鑫 钟倍尔 王云斌 马延辉
潘鑫 倪俊然 孙骏 骆斯航 潘朝强 王斯敏 蒋潍锶 李明华 李云怡 夏虞南 陆平 刘颖洁 王维多 燕雪平 倪雨霏 莫映川 张墨痕 田惠风 李雪雯 胡天依 兰潇 古明华 黄俊珽
雷常洲 王晓也 白云 文翀栩 潘韵 易立 朱庸 王昱 楚子琪 骆斯璐 郑刘竹 张晓梦 查羽洁 郑思媛 邓怡君 唐菡 颜岩 高晔 巩婧恬 朱敏 尹紫云 张臣卓 宋秀明
李彤 许心 吕士瑛 王俪霏 李皖蒙 石晗羽 杨丹琪 陈荟汀 张艳 冯紫灿 韩梦莹 詹妍 肖馨瑶 彭睿劼 李兰天 张诗情 张圣洁 黄秋源 杨迪 刘钱行 张国伟 潘佳生 盛玉雷
高祺 杜涵 程宝忠 王晨阳 刘贻培 赖亚枫 侯杰 承骁 史小婧 周夏一玎 赵梦瑶 冯晗 王妍 蔡佳瑜 张君 郑翔宇 梁潇 于多 单洁 倘凌越 沈子微 程雯 林雪
刘映辰 温灵玲 常龙杰 刘世博 马嘉文 徐胜眉 仇千里 见将 韩泰阳 张晓理 刘在佳 王羚捷 申涛林 郭涵宇 王志鹏 魏艺婷 陈心怡 李亚琼 武丹 宋歌 韩方舟 黎晓晖 刘冬蕾
白冰 贾晓龙 马琳 麦丽思 张亚丽 张斐晔 李莞荷 曾祥瑞 江青云 才艺欣 周天元 罗宇哲 丁泽 周均 洪坡 黄跃 陈璐凡 吴钊 张颂安 金宇智 王诗 陈聿啸 黄鑫
郭恒杰 师遥 刘健庭 成书冉 龙岩 刘世杰 李金烁 孙少轩 宋和平 钟领 蓝骏 肖国炜 丁煜山 邓哲 禤文伟 唐申军 游牟捷 赵洵 鲁新云 刘源 郭子彦 崔洪阳 严弈遥
王璟毅 刘凯风 廖源 史天宇 高歌 台玉琢 吴剑 李锦彬 张儒征 黄超 徐彪 黄宏琬 陈萍 朱盼 丁天十 郑洋 赵博 朱旨劼 谢函骁 吴奕博 孙佳骐 郭洪伟 蔡娅雯

朴金刚 胡雪梅 吴林峰 李家军 黄河 柴华 闫伟 郑经涛 张小峰 刘寒骁 李天阳 王彦乔 吴海桑 滕昕 安锐 孙博文 姜秀宝 王昊 巩延上 梁鼎 周芬芳 刘金林 何家瑞
徐洁 王鹏帅 巫科 周严 肖全 沈经纬 李之仲 胡天宇 张凌宇 付瑞 郜振锋 施泽南 何允昌 梁段璋 王震 杨磊 肖志博 吕新培 万志文 王东方 黄渊华 肖骐 张艺菱
代兴亚 赵锴琛 马戈 宋宪昊 韩宏庆 张成晖 汪成志 周嘉欢 吴一凡 李何羿 桑祺 高方舆 石梦凯 张海铮 胡昳 阮深沉 栾梦凯 李南星 柳嘉欣 陈柯玮 魏磊 曹继源 谢佩
温健 王瓅 廖微曦 陈俊宇 武智融 廖亿 陈纯杰 刘骏 罗巧 吴建松 曹志超 崔润鹏 李博闻 胡嘉吉 徐可成 胡沛弦 付哲 陈昌 张森森 牟翘楚 朱思义 孟奂 杨刚
刘文鹏 刘相 辛明原 孟繁庆 邹睿 何松 董东东 冯帅 何康 张伟 王珏 杨祖耀 冯璇 贾喆武 陆江 唐伟财 张铭宗 施炜 郭孟武 徐咏雷 郭超然 张恺 汪照东
侯俊卿 谢思洋 汪悦 王鹏 周智凯 于海潇 朱文博 王铎 朱旻 李源晋 王珩玮 简立 程晗 孙浩 王彦栋 胡昌明 尹墨耕 邓飞 解晋珍 常皓程 肖颉 孙新坚 马驰
包哈斯 梁思明 颜瑞 李友志 汤晓禹 黄秋昊 潘文豪 李骁越 丁嘉威 汪睿 童精中 郁琦桐 冉田苒 黄子维 邹阿鸣 王松岩 盖靖元 王乐卿 林志伟 袁福鼎 高蒙 李孟鑫 杨晓光
罗爽 刘诚 孙胥谟 林楷奇 曾翔 申大为 陈灏恺 郭尉 郭一麟 于天洋 赵振宇 李昊宁 韩文龙 郭豫舟 覃伟鹏 熊羽豪 王骞 邱辰 张索迪 次旺拉姆 朱颖杰 华婷婷 顾竹韵
岳蕾 罗欣彤 栾雨琪 孙婷 崔骁捷 肖如嘉 屈闻聪 谢美慧 贾慧 孙挺 林杰 周琳 赵超 郑腾飞 高晨 许婷婷 俞慧峰 曹威 黄长江 李阳 雷振 郑东 余卓憬
马从瑛 汪杨洲 温昕 金成 夏薇 秦越 吕征 陈帅 冶万英 甘洛 党倩 倪科 李家叶 代超 李盼文 王晓玥 贾望奇 高继阳 杨钢 武文博 孟祥鑫 江汉臣 王睿
佟安岐 朱小亮 郭彦超 李韦东 周沙 李兆锋 冉乙君 铁强 唐鸿磊 刘璐 郭涵 李成伟 何瑞刚 普布多吉 池昌江 孙中豪 孙楚豪 周奕帆 陈雨晴 刘大皓 徐峥 彭晓帆 肖冬阳
丁仲聪 吴蒙蒙 陈似蓝 陈韧韧 杨惟文 杨铭 夏志然 周雄冬 潘书磊 谢雨晴 谢奇珂 聂琬舒 周卓炜 罗玉冰 刘啸 牛三元 崔亚星 张红曾 齐嘉 鲍军 张凯伦 成俊 郑天祥
毕滢 张承巍 高双磊 刘冬辰 肖宗祺 刘羽 彭君然 廖磊 蔡心驰 陈昕炜 钱锦 潘旭诞 杨扬 韩润奇 郭一驵 刘思远 李肇堃 张如晟 李依潇 邓瑞曦 李媛坤 傅东篱 于杰
刘威如 董婧雯 芮晓飞 赵东捷 王子建 于璐嘉 王栋 唐中洋 钱隆 柴玉泽 周怀宇 陈皓 王洋 朱科引 巫逸犇 陈啸擎 綦思源 陈苏园 段依芹 向云 陶嘉羚 付聪 卓启芳
毕明朝 田正 管恺森 何崇恺 边琪 王崝 刘雨凯 崔健 向天歌 魏云峰 饶璨 范楚楚 刘悦琛 李旭 杨嘉迪 徐睿 柳世强 石毓霄 许弘毅 范博然 王濛 章昊 刘宁
张乃铖 李润泽 赵博睿 李宗锐 孙宙 郭鹏飞 张益源 马凌宇 胡睿 元茹峰 梁勇 王浩源 何鹰 祖文博 徐长汀 刘翔 王誉超 刘翘楚 徐楷斯 曹凌 马丹 杨鹏 刘家振
张涛洪 王瑞铮 孙方旭 王世超 黄俊达 洪斌 赖海强 杨登 宁荣辉 刘炽成 王敏文 王坤 曾文韬 王亚洲 樊佩荣 徐中海 陈玲杰 鞠思雯 李未然 张笑醒 刘玥 孙广楠 岳爽
毛天骅 许传琨 孙启铭 娄翠芳 朱简 姜璐 罗楠 尹旭洋 罗丽梅 谢梦荻 芦子微 盖婷月 李翔宇 王予涵 张欣 吴绮雯 李紫 江竹婧 陈玥晗 贠思瑶 孟群 武超 徐婷
张欣曜 韩超 祝桅 王茜 李沅宸 关九州 韩旭 孙世华 王婷婷 苏晓丹 郭祥 姜辉 于江 曹宇哲 胡嘉舒 陆珊珊 陶建 李肇文 张维 焦骏婷 张寿鹏 张馨阳 夏迪文
陈曦 王鹏飞 管威 顾文苑 张师华 周珊如 朱永琳 陈骐 田亚婷 项运佳 陆鹏飞 杨婉婧 吴川燕 梁应宇 苗雨晴 赵沸诺 楚璐 谢东梅 杨潇辉 刘茜 姜俊秋 林桂芳 霍少达
杨璐晴 姚璐 张玥一 袁磊 刘彬蔚 李一丹 董孟秋 丁睿 黄子舰 李霖 金梦媛 雷安妮 谢处中 周芸 温馨 王思越 李珅 胡静 曾诗婧 郑紫薇 张旻亚 史清源 于洋
王依然 高广凤 王斌 刘奇 熊舒予 寻彩云 吴璟彤 韩阳 王笑倩 张啸驰 韩唯唯 任挪亚 赵海玥 刘超峰 文雅 林川杰 冯佳 高翔宇 王冰 王凯飙 于臻 华春榕 郭恒枫
安然 王彦潇 杨欣欣 张凡 孙翠萍 刘玚 曹戈 傅恋群 刘晓宇 穆昕彤 缪宇斯 童骥 赵自然 周艺珣 陈嘉雯 叶静文 蒙超 李恺悦 张元 张汀滢 李昕若 孙毅 夏若男
刘美君 吕彬彬 陆文锋 肖媛 余寒薇 李诗琪 王玥婷 王乔 陈达什 徐志海 杜永 孔祥正 张奇 陶庆珠 王天农 胡杨 陈若瑜 徐袖程 张千石 黄飞 刘丹 赵飞 王昌维
蔡跃栋 朱莹 白晨 张立柱 庞玉婷 黄婉烨 段澄 高元昌 李圣增 马玲燕 闫先科 娄鑫磊 王博威 黄齐成 郭岱 胡梦婷 陆跃翔 彭了 黄泽寰 李熠烺 方堃 莫军 李一
赵庆凯 李鑫 张文津 叶齐全 王宇 周毅聪 刘曦阳 曲小雅 闫立伟 李晶 魏荣强 张明君 郝承龙 于乾坤 周欢 王俊茗 程小露 何遥 苗昱奇 慈博 姜彤 姜威 弭光宝
刘晗 郑斯陶 林鑫 刘君辉 盛凯龙 范国忠 乔颂杰 袁志鹏 汤之南 王诗槐 朱宇灿 李灿 裴文斐 杜思齐 戴振亚 周斌 刘丹琦 许睿峤 孙斐然 林奕峰 老嘉隆 彭捷 陈泽
单特 冯荣宇 邱硕实 傅倩仪 周海鹏 路鸿方 陆斌 丁秋时 苏灿 廖如超 王良哲 韩金鹏 余陈 陈进博 程颖 林冠 贾恩东 戢仁和 谢明宇 郑锋 方永聪 唐篙祎 刘畅然
莫戈 贺哲龙 刘晨阳 孙瑞阳 王全明 孙晓 赵宝刚 闫凯民 张言 李祥 许哲欣 杨沾沛 张洋洋 龚文方 王正宏 宁锋 杨雷 吴骞 韵勤柏 王智 张庆东 龚鼎为 崔艺
李成林 龚达 李靖 李鹏 李可骞 刘昊承 左淞 傅昊 蒲浩森 贾永政 左斌 何昊青 谢晋宇 毛杰明 贾志豪 刘智伟 罗穗骞 于洋 方美媛 刘列 吴优 易鑫 徐舒扬
王海权 丁盼 蔡宏涛 洪燕辉 邓诗蓓 张颖婕 翟敏 汤可因 骆可强 夏海峻 谢仲达 樊航 张东昀 康元基 李晓东 王海强 彭昊若 张棣 王骥扬 赵弘泽 李雪松 汪浏洋 姜漪鹏
田天 李亦靖 苏朔晨 张天扬 车正平 艾可 涂存超 张靖宇 薛枫 曹炎培 梁晨 武森 张兆林 刘睿 苏宁 喻杨 梅震 肖英婷 陈虹任 宾行言 汤雄超 郑中翔 谭亚垒
张鼎天 王寿 石恒 刘冰 林恒 王鹤男 宋一行 于皓齐 陈雅慧 柳春洋 李逸维 张昆玮 邰冬哲 刘斌 关孟翔 张海洋 洪宇阳 姜碧野 贾超翔 姜慈航 朱晓伟 苗旭炳 曾驭龙
马积良 庄弘磊 黄山 徐展凯 高伟 方展鹏 刘聪 肖桐 毛佳昕 杨旭东 徐持衡 胡晓翔 闫令琪 赵晗 李瀚 梅诗珂 刘艺成 马史耀 常惠雯 朱靓妤 黄硕 吴小琪 鞠尚
刘典典 吴朝晖 袁钉 朱翔 孙天博 周培杰 王小劼 蒋楠 王小云 秦瑾 毛雨琼 赵灿 张家曦 郭豪 杨亚洁 魏志谋 李湘君 许定源 姜舒扬 杨野 杨漠尘 刘倩 王宸
陈聪 范诗然 庞子洋 管健 古亚君 陈也 黄蓉 王蓉阁 邰惠芳 何芮 邹奉 彭川 曹云 林方强 刘润聪 赵力鉴 陈潇诗 张志博 陈广山 潘广琛 许杰 陈耸如 弓利鹏
张文婷 张雷阳 冯伦天 张殊峰 樊郎磊 孙浩鹏 陈雷 赵秀杰 马斌 张扬翼 尚旭阳 孙佳骏 王玉林 林斌 夏婧玉 张浩原 肖天颖 张芮仪 赵雪霖 叶光辉 宗思嘉 林灵淑 桑宇 何畅
杜媛 刘花 刘思 吴禹力 刘全 高宗帅 马均俭 王雅淋 李林林 顾植彬 司得臻 魏斌斌 袁斌文 刘晏池 胡京奇 王长明 杨柏村 刘晓锋 狄桓宇 杨帆万里 朱康 王非同 何俊超
王晧泽 戴宸 蔡珑维 何欣泽 沈睿 龙海舟 王超凡 朱叶霜 周勇 潘登

化学
自动系
清华学子祝福

国繁荣昌盛

清華大學
自强不息
厚德載物
TSINGHUA UNIVERSITY
1911

▷▶ 大事记

清华大学师生参加国庆 60 周年活动大事记

2009 年 6 月 23 日	校党委常委会讨论部署学校国庆 60 周年活动事项，会议决定成立清华大学国庆 60 周年活动领导小组和第 24 方阵（科技发展方阵）总队工作机构，校党委书记胡和平任领导小组组长。
6 月 24 日	学校召开国庆 60 周年活动工作部署会，就活动方案和工作要求向各院系党委分管副书记和相关单位负责人做了部署和具体说明。
6 月 25 日	第 24 方阵总队召开工作会，确定总队内部机构、工作方案、训练日程等相关事宜。
6 月 26 日	第 24 方阵总队召开工作会和人员选拔工作推进会，协调解决院系实际困难，确保人员选拔工作保质保量完成。
6 月 26 日	校长办公室、教务处和研究生院下发通知，对参加国庆 60 周年活动学生的有关教务管理提出了补、替、减免的处理办法，确保所有参训学生能够完成相关训练任务。
6 月 26 日	学生艺术团参演《复兴之路》的全体师生召开动员会，部署参演各项工作。
6 月 29 日	艺教中心对报名参加国庆 60 周年群众游行广场合唱的同学进行了第一次面试，选拔了首批参与合唱的 40 名同学。
6 月 30 日	第 24 方阵总队召开后勤保障组全体成员会，落实了游行队伍的服装、道具、餐饮、车辆、医疗、洗浴、票务、住宿等方面的保障任务。
6 月 30 日	经过细致的动员工作和严密的组织工作，清华大学完成了第 24 方阵参训人员的选拔和编制任务。
7 月 1 日	第 24 方阵总队会同各院系和学校定向生工作办公室完成方阵标兵遴选工作并召开动员会，228 名国防生组成的方阵标兵框在北京卫戍区警备 3 师“老虎团”开始进行为期 15 天的封闭式集训。
7 月 1 日	第 24 方阵总队会同校党委学生部、物业中心等部门制定了火车票退票方案，凡因参加国庆 60 周年活动训练而不能按照原订火车票时间和车次回家的学生，均可到物业中心办公室办理全额退票，票额款项由学校预先支付给学生，再由物业中心到铁路部门统一退票，同时提供为学生再预订业务。
7 月 1 日	学生艺术团参演《复兴之路》师生赴中国青年政治学院和吉林歌舞剧院，开始进行为期三个月的剧目排练。
7 月 2 日	第 24 方阵总队召开安保工作讨论会，就方阵训练、游行期间的安保工作进行了研究和部署。艺教中心对报名参加国庆 60 周年群众游行广场合唱的同学进行了第二次面试，增选 20 名同学入围合唱团。
7 月 3 日	学校后勤部门积极制定工作方案，做好方阵训练的后勤保证和准备工作。饮食中心为参训师生制定餐谱，拟定出校合练期间的饮食供应计划；修缮中心调整浴室和宿舍热水供应时间，校医院选派优秀的医生和护士随队保障，为参训师生配备防暑降温和应急防治药品，并制定甲型 H1N1 流感防治预案；接待中心开始联系训练期间车辆保障事宜。
7 月 3 日	国庆 60 周年群众游行广场合唱团清华大学分团（以下简称“广场合唱分团”）召开动员大会，成立工作组和临时党支部。会议详细说明了合唱工作任务，要求全体团员做好体能训练和曲目训练，为集训打下良好基础。
7 月 4 日	广场合唱分团开始进行基本声音训练。
7 月 4 日	全国高校学生“我爱我的祖国”主题暑期社会实践活动启动仪式在清华大学举行。中共中央政治局委员、国务委员刘延东，教育部部长周济，教育部副部长陈希，教育部副部长李卫红，北京市市委常委、教育工委书记赵凤桐，北京市副市长黄卫，团中央书记处书记卢雍政，清华大学党委书记胡和平出席了仪式。
7 月 7 日	第 24 方阵总队召开骨干动员大会，群众游行第四分指挥部指挥宋贵伦、清华大学党委书记胡和平向第 24 方阵下属 4 个大队授旗。
7 月 7 日	清华大学“祖国万里行”主题实践活动在主楼接待厅举行了启动仪式。来自全校各个院系的 120 余名实践队员代表参加了启动仪式。
7 月 10 日	校武装部商洽解放军防化指挥工程学院，由防化学院选派 4 名优秀教官担任第 24 方阵大队教练。
7 月 12 日	校团委对报名参加国庆 60 周年群众联欢大学生板块的同学进行了面试，从 60 余名报名同学中选拔了 40 人参加广场联欢（以下简称“广场联欢分队”）。
7 月 30 日	广场合唱分团召开动员会，对 7 月 31 日—8 月 2 日三天的集中训练及后期各项工作进行具体部署。
7 月 31 日	第 24 方阵总队联系生产厂家，根据表演手持物规格制作训练用手持物，全部制作完成并发放给全体参训师生。
7 月 31 日	广场合唱分团正式进入训练阶段，最终确定成员包括 56 名学生及 2 名老师。

7 月 31 日	第 24 方阵总队在各大队建立临时党总支，在中队建立临时党支部，在小队建立临时党小组，充分发挥临时党组织的战斗堡垒作用。在总队倡议下，各中队临时党支部党员纷纷撰写训练决心书，全体党员签名，在中队动员会上宣读，向同学们做出“训练表率，攻坚先锋”的公开承诺，接受同学们监督。
8 月 1 日	第 24 方阵总队、广场合唱分团在清华大学综合体育馆隆重召开誓师大会，首都国庆 60 周年群众游行第四分指挥部指挥宋贵伦、北京团市委副书记于庆丰、清华大学党委书记胡和平等领导出席大会。全体参训人员庄严宣誓：“清华学子，爱国栋梁；志存高远，行健自强；纪律严明，尤胜戎装；甘于奉献，为国争光”。
8 月 1 日	第 24 方阵总队各大队开始进行“块移动”训练。
8 月 2 日	清华大学国庆 60 周年群众游行训练工作内部通讯《同方阵》发刊，通报总队及相关部门工作动态，展现参训师生风采，发挥宣传动员作用。
8 月 2 日	广场合唱分团开始施行“人人写日志，天天有心得”的活动，记录下自 7 月 31 日起至 10 月 1 日的故事与感想。
8 月 3 日	第 24 方阵总队在西大操场对各大队进行了第一次验收，各大队基本达到队伍整齐、行进准时、动作准确的要求。方阵总队进行了第一次合练，包括汇合、行进、疏散等重要科目。
8 月 3 日	第 24 方阵总队积极开展“以赛促练，以评促练”活动，总队向各大队发放流动红旗，在大队内部开展中队间的“互评互学”活动。
8 月 3 日	广场合唱分团开始按计划开展体能训练，包括游泳、长跑等项目，同时附带站立技巧训练。体能训练显著提升了全体团员耐力，鼓舞了队伍士气，增强了团队凝聚力。
8 月 4 日	广场合唱分团赴北京航空航天大学进行广场合唱团第二分部为期三天的整体合排，展现了良好的精神风貌。
8 月 4 日	校党委常务副书记陈旭观看第 24 方阵总队第二次合练，代表学校慰问参训师生，并发放慰问物资。
8 月 5 日	顾秉林校长赴昌平区阳坊看望第 24 方阵总队全体参训师生，观看方阵合练，发表热情洋溢的讲话慰问激励参训师生。
8 月 5 日	第 24 方阵总队制定详细的甲型 H1N1 流感防控方案，为各大队配备了 23 台红外测温仪，为每个中队发放了体温计，严格实行每日“两测一报”制度，所有参训人员每天测量两次体温，总队每天统计结果并上报分指。
8 月 7 日	第 24 方阵总队赴良乡机场参加国庆 60 周年群众游行第四分指挥部第一次验收合练。全体师生冒着倾盆而至的大雨，以饱满的状态、整齐的排面、震天的口号，三次走出 81 秒的准确步速，赢得总指挥部、分指挥部和各兄弟单位的高度评价。
8 月 7 日	广场联欢分队两名学生教员参加团市委组织的集训。
8 月 8 日	广场合唱分团经过三天的努力制作完成手绘宣传板一块，内容丰富、生动，贴近团员们的生活，让团员们感受到了强大的集体荣誉感与归属感。展板带到吉利大学排练现场，吸引了兄弟学校的老师、同学驻足观看，成为了展示清华风采的重要阵地。
8 月 9 日	校党委副书记史宗恺观看学生艺术团合唱队、舞蹈队暑训汇报表演，看望学生艺术团参加《复兴之路》排演的师生。
8 月 9 日	广场合唱分团赴吉利大学参加为期两天的广场合唱与民族打击乐整体合排，全体团员听从指挥，遵守纪律，在业务及体能上都展现出良好的清华精神，得到指挥部领导的一致好评。
8 月 11 日	第 24 方阵总队赴沙河机场参加国庆 60 周年群众游行第四分指挥部第二次验收合练，走出了从东出发线到西检阅线之间的行进时间“零误差”的好成绩，得到指挥部领导和工作人员的一致好评。
8 月 11 日	广场联欢分队召开动员大会，详细说明了广场联欢工作任务，要求全体队员做好体能训练和曲目训练，为集训打下良好基础。
8 月 12 日	广场联欢分队正式进入训练阶段，分队成员包括 39 名学生和 1 名教师。
8 月 12 日	广场合唱分团赴阅兵村参加为期两天的广场合唱整体合排，全体团员集合疏散听从指挥，并以顽强的意志力和良好的精神面貌经受住了炎热天气长时间站立的考验，无一人出现晕倒等不适症状。
8 月 13 日	第 24 方阵总队召开合练阶段总结大会，总结了前一阶段训练成果，对各项实测数据进行了讲解分析，提出了改进措施和进一步的工作要求。
8 月 13 日	广场合唱分团召开第一次临时党支部会议，对前一阶段工作存在的问题进行了深入讨论，并对下一阶段如何更好地发挥党员先锋模范作用和党组织的战斗堡垒作用进行了细致全面的讨论。

8 月 14 日	校党委学生部开设的“国家意识与青年责任”课程开讲，博鳌论坛秘书长龙永图在清华大学综合体育馆为 2400 余名师生做“改革开放与中国经济发展”主题报告，校党委副书记史宗恺主持报告会。
8 月 15 日	第 24 方阵总队赴沙河机场参加国庆 60 周年群众游行第四分指挥部第三次验收合练，校党委书记胡和平莅临现场并看望参训师生。
8 月 16 日	原水利部部长汪恕诚在清华大学大礼堂为“国家意识与青年责任”课程讲授“新中国能源事业发展”主题报告，副校长袁驷主持报告会。
8 月 16 日	广场联欢分队成立临时党支部。
8 月 17 日	广场联欢分队经过紧张的学习排练，基本完成指挥部要求的 6 支集体舞和联欢节目的任务。
8 月 17 日	广场合唱分团赴北京航空航天大学参加广场合唱团第二分部第二阶段整体合排，团员们在音准、节奏、艺术表现力等方面都有了一定程度的提高。
8 月 20 日	学生艺术团参演《复兴之路》师生赴人民大会堂，参加为期一个月的彩排。
8 月 20 日	广场合唱分团赴阅兵村参加了广场合唱第二阶段第一次整体合排，团员们对游行的整体效果及安排有了更加明确的认识，强化了与指挥的配合。
8 月 22日	广场联欢分队参加了在北京语言大学举行的大学生联欢板块第一次合练。
8 月 25 日	第 24 方阵总队召开队务会，部署了 8 月 29 日核心区合练的相关工作，特别是集结疏散、安全保卫、后勤保障等工作，要求全体人员保持战时状态，制定详细方案并落实到人，进一步提高各项管理工作的科学性。
8 月 27 日	广场合唱分团召开第二次临时党支部会议，以“新中国成立 60 年，当代青年责任”为主题展开分组讨论，气氛热烈，认识深刻，提升了全体团员的爱国热情。会后全体团员赴阅兵村参加了广场合唱第二阶段第二次整体合排，领取正式演出服装，为第一次天安门核心区演练做好了充分准备。
8 月 28 日	第 24 方阵总队在西操合练，群众游行第四分指挥部领导和北京市科协相关负责人看望了参训师生，并赠送慰问物资。根据游行总指挥部的要求，第 24 方阵更换了行进间展开手持物的动作。
8 月 29 日	第 24 方阵总队、广场合唱分团顺利完成首都国庆 60 周年群众游行总指挥部第一次天安门核心区演练。
8 月 31 日	原北京军区司令员李新良在清华大学综合体育馆为“国家意识与青年责任”课程讲授“国庆大阅兵与国防事业发展”主题报告，校党委常务副书记陈旭主持报告会。
8 月 31 日	广场合唱分团成立了游泳、羽毛球、篮球三个体能训练兴趣小组，以兴趣促耐力，得到了全体团员的一致支持，进一步提高了体能训练的效果。
9 月 1 日	广场联欢分队临时党支部举行以“忆往昔 · 话今朝 · 共联欢”为主题的党组织生活。
9 月 2 日	第 24 方阵总队开始复训工作。
9 月 2 日	广场合唱分团完成《同方阵 · 广场合唱专刊》，内容绝大部分取材于班级日志，通过专刊展现了广场合唱团的集体生活。
9 月 4 日	第 24 方阵总队进行合练，方阵标兵框加练。
9 月 5 日	第 24 方阵总队进行正式道具演练。
9 月 6 日	广场联欢分队参加了在北京语言大学举行的大学生联欢板块第二次合练。
9 月 7 日	第 24 方阵总队、广场合唱分团圆满完成首都国庆 60 周年群众游行总指挥部第二次天安门核心区演练。
9 月 11日	国防大学副教务长纪明葵在清华大学大礼堂为“国家意识与青年责任”课程讲授“多极格局下的大国关系”主题报告。
9 月 11日	广场合唱分团赴阅兵村参加广场合唱第三阶段第一次整体合排，对新加曲目《祝酒歌》及部分调整顺序和增减段落的曲目进行了重点排练。
9 月 11日	学生艺术团在清华大学综合体育馆为参加国庆 60 周年活动的师生举办“清芬挺秀，华夏增辉”专场慰问演出。
9 月 12 日	广场联欢分队参加国庆 60 周年联欢晚会第一次天安门彩排。
9 月 15 日	原科技部副部长吴忠泽在清华大学大礼堂为“国家意识与青年责任”课程讲授“提高自主创新能力，建设创新型国家”主题报告。

9 月 15 日	学生艺术团参演《复兴之路》师生在人民大会堂参加带观众彩排演出。
9 月 16 日	原中航集团总经理刘高倬在清华大学大礼堂为“国家意识与青年责任”课程讲授“航空报国与青年责任”主题报告。
9 月 17 日	广场合唱分团赴北京航空航天大学参加广场合唱第二分部第二阶段整体合排。
9 月 18 日	第 24 方阵总队、广场合唱分团身着正式表演服装，圆满完成首都国庆 60 周年群众游行总指挥部天安门核心区彩排。
9 月 20 日	原国家体育总局局长伍绍祖在清华大学主楼后厅为“国家意识与青年责任”课程讲授“延安精神与青年责任”主题报告。
9 月 20 日	学生艺术团参演《复兴之路》师生开始在人民大会堂进行正式演出，共计演出 14 场，同时进行全天的电影拍摄。同天，学生艺术团全体参演师生在人民大会堂召开誓师大会，校党委副书记韩景阳、史宗恺以及《复兴之路》总导演张继刚少将参加誓师大会，全体参训人员庄严宣誓：“立报国之志，走复兴之路”。
9 月 21 日	校医院联系北京市卫生部门为参加国庆 60 周年庆祝活动的师生集中注射甲流疫苗。
9 月 22日	清华大学接到国庆 60 周年群众游行指挥部命令，承担紧急组建 4A 方阵（毛泽东思想标语方阵）的任务，当天下午召集各院系分管副书记和新生辅导员会议，决定由刚刚在 9 月 17 日结束军训的 2009 级新生参与组建新的方阵，当晚在综合体育馆召开全体新生动员大会，校党委副书记史宗恺做动员讲话，3000 余名新生踊跃报名。
9 月 23 日	广场合唱分团组织团员赴海淀区少年宫接种甲型 H1N1 疫苗。
9 月 24 日	凌晨，清华大学 2526 名 2009 级新生整队集结前往大兴军训基地开始封闭式集训，与北京武警总队 900 余名战士共同组成 4A 方阵。动员誓师大会在军训基地举行，从当天下午开始整个方阵进入队列训练。未能参加 4A 方阵的近 500 名大一新生留守学校，在大礼堂参加基础工业训练中心开设的集中课，以及为期一周的金工、电子类联合认识制造实习。
9 月 24 日	清华大学“我爱我的祖国”师生同台演唱歌咏晚会在综合体育馆隆重举行，全校 50 多个单位 4100 多名师生用深情的歌声，歌颂伟大祖国，弘扬清华精神。
9 月 26 日	校党委书记胡和平、党委副书记韩景阳赴大兴军训基地慰问 4A 方阵参训师生。方阵开展改进训练大讨论，训练质量迅速提高。方阵总队启动为参训新生办理“十一”假期返乡火车票退票和补订票工作。
9 月 26 日	校党委副书记史宗恺等学校领导看望正进行彩排的广场联欢分队的师生。中午，联欢演出道具、服装等工作最终落实。
9 月 26 日	广场合唱分团进行最后一次校内训练，全力以赴迎接国庆群众游行演出。
9 月 27 日	凌晨，4A 方阵全体人员赴密云机场参加合练。方阵总队发放正式表演服装上衣。当晚，方阵全体人员赶赴天安门广场，参加适应性走场排练，效果良好，得到北京市委及游行总指挥部领导高度评价。
9 月 27 日	教育部副部长李卫红、教育部思政司司长杨振斌来校看望慰问第 24 方阵全体参训师生。第 24 方阵全体师生在主楼前广场集结拍摄方阵集体照。
9 月 27 日	广场联欢分队进行演出前总动员。
9 月 27 日	广场合唱分团赴北京航天航空大学进行最后一次分部整体训练，针对《走向复兴》、《祝酒歌》进行了熟练及巩固练习，为迎接国庆演出做好了最充分的准备。
9 月 28 日	首都国庆 60 周年群众游行动员誓师会举行，标志着群众游行筹备工作进入最后冲刺阶段。清华大学国防生孙晨卉作为参训人员代表在会上发言，表示将以饱满的工作热情和良好的精神状态，以对党、对祖国、对人民负责的态度全力以赴做好国庆群众游行工作，以优异的表现向新中国成立 60 周年献礼。
9 月 29 日	北京市委常委梁伟、群众游行第二分指挥部指挥赵津芳、北京市团市委副书记于庆丰赴大兴军训基地看望 4A 方阵全体参训人员。清华大学校长顾秉林、党委副书记史宗恺以及部分院系领导赴大兴军训基地看望慰问 4A 方阵参训师生和武警战士，并作战前动员。4A 方阵配发正式手持物和游行演出正式服装。
9 月 30 日	第 24 方阵在东操进行最后一次合练，顾秉林校长亲临慰问并进行战前动员。当晚，第 24 方阵全体人员在清华大学综合体育馆集结，庄严誓师。方阵总队指挥部召开最后一次中队长例会，布置国庆游行相关工作。在历时三个多月的组织筹备过程中，方阵总队指挥部共先后召开 80 次各类工作会议，其中指挥部专项会议约 40 次，指挥部扩大会议（含各大队队长、政委）约 20 次，中队长以上干部参与的工作会议约 20 次。
9 月 30 日	广场联欢分队进行最后一次彩排。

10 月 1 日	清华大学 5100 余名师生参加了首都各界庆祝中华人民共和国成立 60 周年庆祝活动，2379 名师生参加了 4A 方阵（毛泽东思想标语方阵），2323 名师生组成了第 24 方阵（科技发展方阵），58 名师生参加了广场合唱团，40 名师生参加了广场联欢，103 名学生参加了大型音乐舞蹈史诗《复兴之路》演出。上千名清华师生在学校里参加了“一片清心献华诞——清华学子庆祝新中国成立六十周年签名活动”，抒发着对祖国的深切祝福，传达着清华人与祖国共命运的誓言和责任。圆满完成庆祝任务后，5100 余名师生齐聚清华大学紫荆操场，举行隆重的庆祝大会，并在紫荆园和桃李园餐厅举行千人庆功宴。中央电视台、新华社等主流媒体对庆祝活动进行了采访报道。 由清华大学美术学院的几十名教师和研究生共同组成的创作团队，设计创作了 13 辆游行彩车和 56 根民族团结柱，同时主持设计了天安门广场背景图案，参与了《复兴之路》序曲《我的家园》和第一章《山河祭》的服装设计工作，完成了第 24 方阵（科技发展方阵）服装和手持物方案设计任务。
10 月 5 日	部分参加国庆 60 周年活动的师生举办了“回味盛典，明志向前”座谈会，回顾国庆活动中的感人故事，畅谈心得体会。中央电视台对座谈会进行了报道。
10 月 5 日	学生艺术团参演《复兴之路》师生在人民大会堂完成最后一场演出任务和最后一次电影拍摄任务。
10 月 6 日	校党委副书记史宗恺和部分参演《复兴之路》师生赴人民大会堂参加国庆六十周年系列活动表彰大会。
10 月 15 日	部分参加国庆 60 周年活动的师生代表参加了首都国庆 60 周年群众游行总结表彰大会。清华大学获得了群众游行总指挥部颁发的优秀组织单位奖、支持贡献奖、创新团队奖等荣誉，以及游行第四分指挥部颁发的百日训练竞赛优胜奖和游行第二分指挥部颁发的最佳创新奖等荣誉。校党委学生部部长杜汇良作为基层主责单位代表在大会上做交流发言。
11 月 13 日	清华大学国庆 60 周年庆祝工作总结表彰大会在主楼报告厅举行。校党委书记胡和平做总结讲话，全面深入地总结了清华大学顺利完成国庆活动任务的成功经验，激励全体师生发扬“同方阵精神”，为推进世界一流大学建设不懈努力。校党委副书记史宗恺做清华大学国庆 60 周年庆祝工作总结，参与庆祝工作的优秀师生代表做交流发言，群众游行第四分指挥部指挥宋贵伦和第二分指挥部执行指挥沈洁致辞。大会表彰了先进集体、先进个人、优秀组织院系、优秀教练员和优秀队员千余人。 10 月中旬到 11 月下旬，第 24 方阵和第 4A 方阵总队指挥部陆续发放了首都国庆 60 周年群众游行指挥部、第四和第二分指挥部的各类纪念证书和纪念品，精心设计了富有清华特色的国庆游行纪念表彰证书和纪念品。
12 月 12 日	反映清华大学 2009 级新生参与组建国庆 60 周年群众游行 4A 方阵的纪录片《八天七夜》在清华大学正式上映。
12 月 31 日	展现清华大学师生参与国庆 60 周年活动风采的纪录片《同方阵》在清华大学新年电影晚会上隆重上映。

科教兴国